文庫

ひきこもり文化論

斎藤 環

筑摩書房

ひきこもり文化論　目次

Ⅴ 「ひきこもり」の周辺 139

ひきこもり文化論

I

まえがきに代えて――
「ひきこもり」を語ることの倫理

はじめに

本書は「ひきこもり」に関する本ですが、「ひきこもりとは何か」あるいは「ひきこもりの治し方」などがテーマではありません。私がこれまで折にふれて試みてきた、「ひきこもり」を端緒とする一種の文化論を集大成したものです。

一九九八年に「ひきこもり」についての実用書『社会的ひきこもり――終わらない思春期』(PHP新書)を出版してから、私の仕事は著しく「ひきこもり」の側に偏ったものになりました。長年治療者として関わってきた問題だけあって、私のイメージの中で「ひきこもり」は一種の単純化をこうむっています。私の日常は、こうした単純なイメージにもとづきながら、日々の臨床を淡々とこなす営み以上のものではありません。しかし、論壇誌などからの依頼で「ひきこもり」を紹介する際には、どうしてもその背景に想定される日本人特有のメンタリティ、あるいは文化的背景に踏み込まざるを得ない。こうして、医療に限らない複数の視点で「ひきこもり」を眺める機会を与えられると、そこに予想もしなかったさまざまな発想のヒントがひそんでいることに気づかされました。

本書は、私がこれまで精神医学専門誌、論壇誌、教育関係の雑誌、新聞、ウェブ上のコラム、思想関係の雑誌などで発表してきた「ひきこもり」に関する文章を大幅にリライトして一本化したものです。啓蒙的文章はどうしても重複が多くなりますし、具体的な対応策などの実用的な部分は、あえて削りました。ただし、コラムやひきこもり周辺のテーマについてなど、掲載時のままの形で収録したものもあります。治療や対応などについての実用的な情報をご希望の方は、『社会的ひきこもり』、あるいは『「ひきこもり」救出マニュアル』(PHP研究所、現在ちくま文庫、全二冊)のほうをご参照ください。

この章では、私が治療者として、あるいはひきこもり研究者として、どのような姿勢でこの問題を語ってきたか、あるいはこれから語ろうとしているか、そうしたことについて述べておきたいと思います。「ひきこもり」の適切な語り方ははたして存在するのか。それを問うことは、精神科医が社会的発言をすることの倫理性という、すぐれて現代的な問題を提起せずにはおかないでしょう。そして「倫理」は、副業文筆家としての私が、常に意識せずにはいられないテーマの一つでもあります。このテーマについて、現在私が考えていることを提示することも、本章の目的の一つです。

不登校をめぐる過ち

ひきこもりを語ることには、常に両義性が伴います。具体的には、ひきこもりは肯定されなければならないが、同時に治療や支援の対象でもある、といった私の語り口がはらむ矛盾です。これまで私は、当事者もしくは支持者、批判派、擁護派、懐疑派のそれぞれと対峙しつつ、常にこの矛盾をどう理解してもらうべきか、その問題に頭を悩ませてきました。もちろん私にとって、この矛盾は実は矛盾ではありません。対社会的には肯定を呼びかけ、対当事者、もしくは家族に対しては、治療と支援の方法を具体的に示すこと。この方針は、おそらく今後もずっと変わらないと思います。しかし残念ながら、この戦略はたとえば私の立場を性急に批判したい人にとっては、あまりにも複雑すぎて理解が難しかったようです。私への批判のほとんどが、一方的かつ一面的なものであったことは、そのためでしょう。ひきこもりを語るに際して、なぜこのような両義性が必要とされるのか、まずそのことについて考えてみましょう。

この問題については、不登校をめぐって起こったことを眺めてみれば、ある程度理解が容易になると思います。学校へ行かない子どもは、その最初期の研究においては「ずる休み(truancy)」と呼ばれていましたが、A・M・ジョンソンが一九四一年に発表した論文で「学校恐怖症(school phobia)」という言葉が最初に用いられ、以後しばらくはこの「診断名」が用いられていました。しかし「学校恐怖症」という言葉は、母子分離不安説にもとづく精神分析的な視点からのもので、しだいにその概念の限界が批判されるようになります。これに替わり、一九六〇年代頃から用いられるようになったのは、「登校拒否(school refusal)」という言葉です。しかしその後、さらなる事例の増加と多様化に伴い、この問題を個人病理として考えることはいっそう困難になりました。むしろ学校や社会の側の問題として理解する視点が要請されるようになり、まだ疾患単位的なニュアンスのあった「登校拒否」にかわって、「不登校（nonattendance at school）」がほぼ統一的に用いられるようになって、現在に至っています。

日本でも一九五〇年代から不登校の報告はありますが、この問題は現在もなお、教育界における主要な問題の一つであり続けています。不登校の実数把握は困難ですが、一つの参考資料として、文部科学省が毎年行っている学校基本調査があります。この結果をみる限り、不登校児童の数は、一九七五年以降、ほぼ一直線に増加し続けています。一九七五年の時点で、全国で一万五三四人だった不登校児童生徒数は、一九九〇年で四万八二七三人、さらに二〇〇一年度には一三万九〇〇〇人と、著しい増加傾向が続いているのです（ただし二〇〇二年度の報告では、一三万一〇〇〇人と、九〇年代以降はじめて減少傾向に転じています）。

すでに文部省（当時）は一九九二年に「不登校はどんな家庭のどんな子にも起こり得る」との見解を発表しています。この見解は、不登校問題が個人や家庭の問題のみに還元され得ず、広く社会病理的な視点を要請するものであることが公式に認められたものとして、銘記されるべきでしょう。なお、文部科学省では、二〇〇二年九月に「不登校問題に関する調査研究協力者会議」を設置し、二〇〇三年三月にその報告をとりまとめていますが、この報告書でも、同じ視点は踏襲されています。

もちろん文部科学省は、これまでにもさまざまな不登校対策を講じてきました。スクールカウンセラーの導入、教育センターや適応指導教室などといった相談や支援のためのシステム整備など、その取り組みは公平にみても、かなり迅速になされてきたと思います。「学校復帰を目的としすぎている」という批判もありますが、不登校を少しでも減らすことが目的なのですから、それは仕方のないことでしょう。直接の強制や理不尽な処罰がなされない限りにおいて、私はこれらの取り組みについては肯定的に評価したいと考えています。ただ、その有効性については疑問もある。これらの努力にもかかわらず、不登校の数は増加するいっぽうだからです。二〇〇二年度間の調査で減少に転じたことは、必ずしもこうした対策の有効性を意味するものではありません。むしろそれは、教育評論家の尾木直樹氏が指摘するように、二〇〇二年度から実施された完全学校五日制の直接的影響によるものと考えるのが、もっとも自然でしょう。登校日が減ることで、登校の苦痛が軽減される、という単純な理屈です。

まだ社会的に十分認知されていなかった頃は、不登校は精神疾患のひとつとして治療の対象でした。そして、それは明らかに不幸なことでした。精神医学は、この問題に関わる際に、いくつか大きな過ちをおかしてきたからです。疾患単位として扱ってしまったことは、事例数が少ない段階ではやむを得ない面もあります。しかし八〇年代初頭までは、不登校の病理性に注目しすぎるあまり、強制的な入院治療という明らかな行き過ぎまでも容認してきたのです。私の恩師でもある故・稲村博氏も、一時期はそうした治療主義的な立場から積極的に入院治療を行っており、マスコミや学会からの批判にあって中断せざるを得なくなった経緯があります。しかしその後、稲村氏はもう一度大きな過ちを繰り返すことになります。

一九八八年九月、『朝日新聞』の夕刊一面に「不登校は無気力症に」という記事が大きく掲載されました。この記事は不登校の子どもを抱える多くの家族に衝撃を与え、パニックに陥った家族からの相談が、われわれのクリニックにも殺到しました。しかし、事情を知る私たちからみれば、この記事が出た経緯は大変おそまつなものでした。もちろん裏づけとなる調査や研究があったわけではありません。タネをあかせば、この記事は、記者の取材に対して稲村氏が臨床家の実感にもとづいて話した啓蒙的な談話がもとになっています。本来ならせいぜい家庭面などで扱われるべき話題でした。しかし、他に大きなニュースがなかったせいもあるのでしょう、何か医学上の新発見であるかのような扱いで掲載されてしまったのです。それは、マスコミと精神医学という組み合わせにおける、最悪のアクシデントの一つとして、長く記憶されるべき出来事でした。

この事件をきっかけとして、稲村氏の治療主義的な姿勢は、児童青年期精神医学会をはじめ、各界から厳しく批判される結果となりました。おそらく稲村氏は、臨床家として漠然と感じていた危機感にもとづいて社会に警鐘をならそうとしたしただけで、他意はなかったのだと思います。しかし、メディア・リテラシーの乏しさ、すなわち「メディア上で精神科医が発言することが、どのような結果をもたらすか」ということにあまりにも無自覚であったことは、やはり問題でした。この件に関しては私たち門下生からも激しい糾弾にあい、それが原因かどうかはわかりませんが、その後稲村氏は臨床活動の第一線からしだいに身を引くことになります。亡くなる直前まで診療は続けていましたが、積極的な啓蒙活動からは距離をとるようになっていきました。

私はもちろん、稲村氏の治療主義的な姿勢や、メディア・リテラシーの乏しさについてはいまでも批判的です。しかしここで、一門下生としてちょっとだけ弁護しておくなら、意外に知られていない優れた精神療法家としての側面や、「ひきこもり」問題にいちはやく注目した点などは、いまなお正当な評価に値すると考えています。残念ながら「稲村門下」ということだけで批判されてしまうという業界内事情はありますが、稲村氏が私をこの問題へと導いた唯一の恩師であることには変わりありません。最近、まるで私を「ひきこもり」問題のパイオニアであるかのように、好意的に誤解してくださる方がいます。しかし、精神科医として「ひきこもり」問題に注目したのは、私が知る限り稲村氏が最初であることを、繰り返し強調しておきましょう。

閑話休題、稲村批判に代表されるような治療主義への批判は、フリースクール関係者や人権を重んずる精神科医らを中心として展開され、その甲斐あって、不登校児の強制的な入院治療といった非人道的な行為は一掃されたかにみえました。しかしその一方で、擁護の乱用による問題も起こりました。たとえば「登校刺激の禁止」が教条的に普及しすぎた結果、学校側が不登校児に関与しない口実を一部で与えたという事実があります。「不登校は病気じゃない」といったスローガン化は、このメッセージに心から共感できる不登校児と家族にとっては大いなる救いとなりましたが、それを受け入れられない家族や本人は、依然として苦しみ、いまだに「治す」ための方途を探し求めています。

それでは、いま私自身は不登校についてどのように考えているでしょうか。ごく単純に考えて、「不登校」とは、思春期における不適応形態の一つとみなすことができます。ただ問題なのは、学校への適応が常に健全であるとは限らない点で、不登校という選択の方が健康な判断力の証ではないかと思えるような事例にも、しばしば出会います。激しいいじめや教師による不適切な処遇が目立つ場合など、とりわけそのように感じることが多い。

もちろんいまや、「不登校」というだけで治療の対象とみなすほどナイーブな専門家はほとんど存在しない（と信じます）。しかし一方で、不登校の治療が全面的に禁止されたわけでもなければ、行われなくなったわけでもありません。そもそも「不登校」という言葉は、「病気かどうか」という判断とは無関係のものと考えられるべきなのです。それなら話は簡単で、健全な不登校もあれば、病的な不登校もある、ということになるでしょう。

あとは事例ごとの判断で、治療が必要とみなされ、治療関係が成立するような場合には、あくまで合意に基づいた治療なり支援なりがなされることになるでしょう。

「不登校」は診断名ですらなく、また、下位分類をもうけてその一部を要治療の群とみなすことすらも適切な行為とは思われません。このような「問題」については、ケースごとの個別の判断が、さしあたりはもっとも適切ではないでしょうか。

不登校をめぐる「病気か否か」「治療すべきか否か」といった不毛な対立は、常に不登校の概念を過度に一般化することから生まれてきました。こうした観念的な一般化を、私は「イデオロギー化」と呼ぶことにしています。そこでは、現実的な対象ではなく、観念そのものがフェティッシュと化してしまうからです。「すべての不登校は治療の対象である」といった治療主義は、もちろん避けなければなりません。しかし十分な検証もなしに「不登校には何の問題もない」と決めつけるような態度は、その前提を信じられない当事者（本人、家族）にとっては単なる門前払いであり、「治療」を引き受けてくれる場所を求めて、いたずらに彼らをさまよわせてしまう結果になるだけでしょう。いずれもイデオロギー化のもたらす弊害です。

あえて個人的な見解を述べておくなら、私は「教育」や「治療」の営みは、ついに「強制」を免れることができないと考えています。子どもたちがあらゆる強制を免れたとき、そこに必ず、生き生きとした「学習への意欲」が芽生えてくる、という発想は、控えめにみても能天気な性善説以上のものとは思われません。この種のイデオロギーを主張する人たち自身が、しばしば高学歴かつ知的階層に属することを考えるなら、彼らの営みは「啓蒙がもたらす野蛮」という、アイロニカルな帰結を目指すものとしかみえないのです。

さらに付け加えるなら、少なくとも医師の立場から、すべての不登校を「問題なし」と断定することは間違いです。身体疾患の場合を考えてみてください。われわれは「正常値という制度」からの逸脱を「疾患」として理解することに、何のためらいも感じません。社会システムに順応しない「こころ」を擁護しようとする者は、診断システムから逸脱する「からだ」のほうも弁護すべきではないでしょうか。これを詭弁というのなら、たとえば「ひきこもりも社会参加の一形態である」といった言説は詭弁ではないのでしょうか。

身体医学的には、ある特性（ここでは「不登校」ないし「ひきこもり」）で区分されたグループに、予後の不良な事例が一例でも含まれれば、その特性について「安全である」などと断定的に述べることはできません。断定した医師は、みずからの断定が患者に不利益をもたらした場合、その責任を問われることになるでしょう。じっさい「不登校」には、統合失調症（かつての精神分裂病）やうつ病など、さまざまな精神障害の初期症状という側面も確実にあります。いきなり「問題なし」と断定された結果、こういった病理性の高いケースまで治療相談の開始が遅れるようであれば、こうした断定は間違いである以上に危険なものとなるでしょう。ここで私は、政治的な議論をしている自覚はまったくないのですが、この程度の控えめな意見ですら「タカ派的」と形容されかねない雰囲気が、この業界全体をうっすらと覆っています。いったいいつになれば、批判か擁護かという文脈から離れ、客観的な事例やデータにもとづいて、冷静に「不登校」を論じられる日が来るのでしょうか。

「ひきこもり」をめぐって起こったこと

いま「ひきこもり」の周辺で起こっていることは、かつて不登校をめぐって起こったこととよく似ています。もっとも「二度目は茶番」の法則どおり、事態はどことなく戯画的にもみえます。当事者である私自身、どこかセルフパロディを演じているような錯覚に陥ってしまうほどです。

不登校と同様、ひきこもりも当初は批判的にみられていました。ただし、ある意味で不登校の時以上に不幸だったのは、ひきこもりが犯罪がらみでクローズアップされたことです。Ⅱ章で述べるように、二〇〇〇年前半に起こった一連の事件との関連で、ひきこもりがあたかも犯罪者予備軍であるかのように批判されたのです。さすがにこの種の極端な誤解は、その後鳴りをひそめましたが、批判そのものがなくなったわけではありません。

その意味で、二〇〇〇年五月にテレビ朝日『ニュースステーション』のコメンテーターが「ひきこもりは贅沢」と発言して物議をかもした「事件」は象徴的なものでした。この発言そのものはよくある類のものですが、注目すべきはこの発言者が『朝日新聞』の編集委員を兼任するような立場の人だった事実です。朝日だからリベラルかどうかは別にして、おそらくいまの世論は、まだまだこうした意見が大勢を占めている可能性が高い。それも真面目で誠実な人ほど、ひきこもりに対して批判的になる傾向があるように思います。その多くは単なる誤解にもとづいていることが多いのですが、ここにはもっと厄介な問題があります。実は、ひきこもり状態から抜け出した元・当事者の中にも、現在ひきこもっている人に対して批判的になりがちな人は少なくないのです。これは、「ひきこもり業界」ではよく知られた事実です。経験者だけに「誤解」の余地はありません。ここに露呈しているのはむしろ、当事者がひきこもりを語る困難さのほうでしょう。この困難さは構造的なものです。

どういうことでしょうか。わが国では、急速に成熟社会化が進む一方で、驚くほど旧態依然とした世俗的価値観、「世間」の視線といったものが、まだまだ残っています。不登校やひきこもりを自明の如く問題視するのは、こちらの視線です。こういった価値観のしたたかさは、口先で反論したり批判したりしてもどうにもなりません。きれいごとは、所詮は独り言でしかないという限界があるからです。そして当事者たちもまた、こうした世俗的価値観を内面化し、それゆえにひきこもる自分を自己批判し続けることになる。実は、この自己批判の回路こそが、ひきこもりの悪循環をもたらす大きな要因の一つです。そうした価値観から自由になれないまま、ひきこもりからの離脱を果たした当事者の一部は、それまで自分に向けていた批判の視線を、今度は他のひきこもりたちに向けはじめるのです。

以前『ひきこもりカレンダー』（文春ネスコ）の著者・勝山実さんと一緒にテレビ討論番組に参加したことがあります。「芸風」として親や社会を批判する挑発的なキャラを演ずる勝山さんに対して、ひきこもり批判側は奇妙なほど感情的になって「税金払え」とか「親に食わせてもらって」といった、紋切り型の言葉を投げかけるばかりでした。このように、ひきこもりには、どこか批判する側の言葉を貧困にしてしまうような、いわば旧来の「正論」を相対化・無効化するようなリアリティがあると思います。まさに旧来の倫理観では解消できないクリティカルな問題が「ひきこもり」なのです。余談ですが、ひきこもりについてどのような発言をしたかを子細に検討することで、識者や文化人の耐用年数を測定できると、私はひそかに考えています。ええ、もちろんこれは冗談ですが。

その一方で、不登校の時ほどではないにしても、「ひきこもっていても大丈夫」と言い切る人々が存在します。どのような根拠でそのように断言できるのかはよくわからないのですが、もちろんそういうメッセージを無価値と言いたいわけではありません。やはり共感できる人には救いとなるでしょう。しかし不登校の場合と同様、いや、それ以上に、この「大丈夫」の中身は曖昧に思えるのです。

擁護派のメッセージを読んでみても、「ひきこもっていても、いずれ自然に社会参加するから大丈夫」と言いたいのか、「ひきこもり、という形で社会参加しているから大丈夫」と言いたいのか、よくわからない。この二つのメッセージは矛盾をはらんでおり、統一的に理解するには、その背景に「ひきこもりを問題視すべきではない」という「イデオロギー」があると仮定しなければ難しくなってしまいます。繰り返しますが、「ひきこもり」を観念的に語りすぎることを、私は悪しき「イデオロギー化」として斥けます。あたかもフェティッシュとして固執の対象となった観念こそが「イデオロギー」であると私は考えるからです。いやしくも専門家がひきこもりの善し悪しを一方的に決めつけるような価値判断をすることは、はっきりと慎まれなければなりません。過剰な問題視で社会不安をあおることも、ただ問題性を否認することで解決を求める当事者を疎外することも、いずれも正当な態度ではないでしょう。

私自身はひきこもりについて積極的な価値判断をするつもりは今後ともありません。つまり単純に否定も肯定もしない姿勢を貫くということです。いまはまだ、否定する側も肯定する側も、価値判断をめぐる対立から自由になれない段階のようですが、私は臨床家として、最初からできるかぎり価値判断を遠ざけておく義務があります。もちろん、価値から完全に自由な判断があり得ると言いたいわけではありません。少なくとも、善悪二元論的な、素朴な判断に巻き込まれないためにも、臨床の視線を最優先する姿勢は維持しておきたいのです。

いまやストレートなひきこもり批判は、およそ無意味な営みでしかありません。先ほども述べたとおり、批判派の言い分は「働かざるもの食うべからず」「将来どうやって食べていくのか」「親の気持ちを考えろ」「税金の無駄遣い」などなど、紋切り型のオンパレードです。実はそうした批判は、当事者がとっくに予測済みのものでしかありません。それゆえ批判によって、ひきこもっている青年たちが反省したり動機づけられるということは、まずあり得ない。批判派の限界は、発言の正当性にのみこだわって、そのパフォーマティブな効果については徹底して鈍感である、という点にきわまるでしょう。

ところがその一方で、全面肯定派のほうもちょっと情けない。無根拠に「大丈夫」と請け合ったり、「ひきこもりも社会参加だ」などと言い出したり、こちらも早々と紋切り型に陥りつつあります。私自身、最初の著書の「ひきこもりは治療すべき」というくだりだけを何度も引用され、批判された経験があります。あたかも社会への順応を強制するファシストのような過大評価は、いささか面映ゆいのですが、まあ私という人間は、それほどたいしたものでもありません。

そもそも私は、ひきこもることが、健全な人間にとって欠くことのできない能力の一つと考えています。人間の創造性が発揮されるうえで、ひきこもることが重要な意味を持つことは、ほぼ間違いないでしょう。ヴァレリーやプルーストの例がすぐに連想されます。

あるいは宮本武蔵や大山倍達《ますたつ》の山籠もりの修行なども、ひきこもりの一種と言えなくもない。少なくとも、本質的な創造的行為（鍛錬も含めて）をなすには、ひきこもりの態勢が絶対に欠かせない。これは精神分析家のマイクル・バリントという人も同様の指摘をしています。やはり精神分析家の神田橋條治氏も、ひきこもりは、そこからの出口さえ確保してあれば、それなりに有意義な体験であるとしています。

ただ、だからといってひきこもりを肯定するのに、きまって天才とか偉人を持ってくるパターンも、そろそろマンネリです。そういう身振りが当事者にすら飽きられつつあることは、ここで指摘しておいたほうがいいでしょう。そもそも、ひきこもりだったとされる偉人のかなりの部分は、いま例に引いたヴァレリーにせよプルーストにせよ、隠遁生活期間中も、じっさいにはごく限られた対人関係によって支えられていたといいます。

こうした逸話を比喩的に紹介するならよいでしょうし、私もそうした文章を書いたこともありますが、「大丈夫」とみなす根拠としてはいささか無理があるでしょう。偉人のエピソードや、「私は母親の献身的な支えでひきこもりから脱出した」といったメディアが好む実例などは、西丸四方という精神科医の言葉を借りれば「治療美談」です。美談にはえてして一般性がありません。ひきこもっている当事者に、独自の主体性や才能を期待しすぎることは、別の抑圧を生むだけではないでしょうか。私は「不登校」について、すでにそれがなされてきたという疑惑を抱いています。そして、これもまた「イデオロギー化」の弊害の一つなのです。美談は希望をもたらすがゆえに必要です。しかし美談には方法論がありません。シンプルな共感のみで救われるケースは、常にごく一部でしかないでしょう。

私が考えているのは、そういう限られた特別なケースのことではありません。ひきこもりの大多数を占めるであろう、ごくありふれたひきこもり青年たちのことです。彼らが周囲の状況や葛藤によって追い込まれ、ひきこもり状況が慢性化するとともに、病理性を高めていくような場合こそが問題なのです。

さしあたり批判派・擁護派いずれにも欠けているのは、「ひきこもりを抜け出したい」と切実に願っている人たちにとって本当に役立つような、具体的な方法論です。私が先の二冊の著書を通じて目論んだのは、まさにこうした欠如を少しでも埋めることでした。私に対する批判は、ことごとくこの点をみようとしていません。方法論についての臨床的な立場からの批判なら、私も謙虚に受け止める用意があります。むしろそうした意見こそ、私が切実に聞きたいと願っているものにほかなりません。しかし残念ながら、聞かされるのは「ひきこもりは正しい」―「ひきこもりを治療すべきではない」という紋切り型か、そうでなければヒステリックな批判のみで、本当に傾聴に値する批判には、まだ出会ったことがありません。残念、というよりも不思議なことです。

価値判断の次元で私を批判しても無意味です。ひきこもりを肯定するにせよ否定するにせよ、具体的な方法論なき思弁とまともにつき合うつもりは今後ともありません。それはせいぜい評論家の仕事で、私はこと「ひきこもり」に関しては評論家ではあり得ないからです。

「ひきこもり」は治療されるべきか

臨床の現場において、私は医療の支援を求めて私のところに来る人の相談だけを受けるようにしています。その際、成人に至ったひきこもり事例の家族に対しては、医療以外に二つの選択肢があることを告げるようにしています。

一つは「家から追い出す」ことです。ひどい、過激な意見だと思われるでしょうか。しかし、批判派の正論を論理的に突き詰めていくと、そういう結論にならざるを得ません。このところ欧米のメディアからの取材を受ける機会が増えましたが、たとえば『アイリッシュ・タイムズ』の記者などは「家族はなぜ彼を家から kick out しないのか?」と無邪気にも尋ねてきたものです。これはいささか極端ですが、大方の海外メディアに典型的にみられる反応の一つです。これには私も一瞬虚を突かれた思いで、説明にずいぶん手こずりました。このように「追い出す」という行為については、「かわいそう」という感想は可能であっても、行為自体を倫理的に批判することはできません。もし、ひきこもっている彼らを完全に健常者とみなすのであれば、彼らのしていることは、見方によっては、すでに保護義務者ではない同居家族の権利を侵害することにほかならないからです。ほとんどの事例は家族に経済的に依存しており、食事の世話をはじめとする身辺雑事を家族に負担させ、半数以上の事例が暴力や暴言によって家族の自由を奪った経験を持ちます。これらが許されているのは、家族なんだから、身内なんだからいいではないか、という、ある意味で「伝統的な価値判断」が存在するためでしょう。この価値判断抜きに、成人のひきこもり事例が、その生活を家族によって支えてもらう行為は正当化できません。

もう一つの選択肢は、「現状の全面的肯定」です。もしかりにひきこもり事例の親が、「たとえ一生ひきこもったままでいたとしても、この子が生きていてくれればそれでいい」と考えている場合、そうした判断を批判する権利は誰にもありません。「日々を生き延びてくれることが親孝行なのだから、その報酬を現金で渡しましょう」という判断も悪くない。双方が心から納得しているのなら、私はそういう判断も支持したいと思います。繰り返しますが、こういう行為について第三者が「過保護」「甘やかし」といった批判ならぬ感想を言うことは可能かもしれませんが、それは正当なものではありません。「追い出す」か「現状肯定」か。いずれも治療とは無関係の行為です。もちろん、いずれを選択しても、それを契機としてひきこもりから離脱する可能性はあります。しかしたとえば、追い出された場合には、自殺したりホームレスになったりする可能性が高まります。現状肯定の場合には、そのままの状態に留まり続ける可能性が高まるでしょう。いや、後者については、そう断定するだけの根拠に乏しいので、別の言い方にしておきましょう。現状を肯定した場合、何年間ひきこもり続けようとも「こんなはずじゃなかった」と言うべきではないということです。ひきこもりからの離脱を期待しつつ、それを逆説的に肯定することの心理的効果がどんなものであるかは、まだ知られていません。ならば、いったんひきこもることを肯定した家族が、途中から再び批判に転ずることは、明白な約束違反であり裏切り行為です。どちらを選択するにしても、それなりの覚悟を決めて臨むべきでしょう。

「追い出す」のも「そのまま」も、いずれも困る、と考える家族に対してのみ、私は治療を勧めることにしています。正確には「治療的支援」あるいは「治療を含む支援」と言うべきかもしれません。家族を支援しつつ、当事者のひきこもり状態からの離脱可能性を探ること。その具体的な方法論については省略しますが、ひきこもりの治療に入る際には、こういう判断過程を経ていることは知っておいていただきたいと思います。神田橋條治氏に「知らしむべし、依らしむべからず」という名言がありますが、これがいまの私の基本的構えです。ひきこもりの治療をするか否かは、あくまでも当事者である家族、あるいは本人がその都度判断し、選択すべき問題である、ということです。そして、抜け出したいと思っている人には、可能な限り有効な処方箋を、情報として提示していくことが目標になります。

みてきたように、私は「治療をするか否か」という選択を家族に任せることにしています。ただし、それが一種の欺瞞をはらんだ行為であることも承知しています。わが子がひきこもってパニックに陥っている家族に「ひきこもりを治療すべきか否か」などという悠長な判断を任せるのは、責任回避でなければ誘導尋問のテクニック以外の何ものでもありません。三つの選択肢を示された家族が、治療以外の手段を選ぶはずがないことは、経験的にも明らかなのですから。この「儀式」は、あくまでも家族に「治療を望んだのはほかならぬあなた方だ」という自己責任の意識を持ってもらうためになされるのです。

著書『社会的ひきこもり』の中で、私は社会学者の発言などを引用しつつ「ひきこもりは治療されるべき」と述べています。先ほども述べたとおり、この著書の本来の目的は、啓蒙以上に具体的な方法論の提示ということにありました。そのうえで、あくまでも個人的意見として治療の必要性を述べたのですが、結局このくだりが本書でもっとも多く引用される結果となってしまいました。

『社会的ひきこもり』が予想以上に広く読まれ、「ひきこもり」の言葉とともに私の名前が引き合いに出されることが多くなるにつれて、私は自分の発言の影響力ということについて配慮せざるを得なくなりました。一臨床家のつぶやき、くらいのつもりだった「治療すべき」という言葉が、不本意なほど権威的に受け取られてしまうのは、やむを得ないこととはいえ不幸なことです。私は不本意ながら、このくだりをもう少し慎重な表現に置き換える必要を、認めざるを得なくなりました。

それでなくとも医療全体が（「依らしむべし、知らしむべからず」といった）パターナリズムを廃し、急速にサービス業的な性質を帯びつつある時代です。「べき論」では、医療消費者を適切に動機づけることができません。それゆえ、いまの私に言えることは、ひきこもり事例の一部、とりわけ精神症状を伴うなどしてこじれたケースについては、精神医学的な治療が部分的に有効であり得る、ということのみです。

ただ、いくつかの論点は繰り返し強調しておきたいと思います。

まず、ひきこもり状態は、放置してもそこから抜け出せないままになることがきわめて多い、という事実があります。放置してもいずれ離脱するというデータなり証言が多数あれば私も安心ですし、そういう知見を広めて当事者たちにも安心してもらいたい。ですから、この私の主張が誤りであることを示すような事例が多数存在することがわかったら、いささかのためらいもなしに、この主張は撤回します。しかし残念ながら、現時点では完全な自助努力や家族の支えのみでひきこもりから離脱し得たケースは、きわめてまれです。私がこれまで公私さまざまな場面で出会ってきた人たちの中で、自力でひきこもり生活から抜け出した経験を話してくれた人は、わずか三人だけでした。

一〇年前の私の統計調査でも、ひきこもりはじめてから私たちの治療機関を訪れるまでの平均期間が四・一年となっています。つまり、未治療の事例では、少なくとも数年間は、ひきこもり状態に留まり続けることが推測されます。これに加えて懸念されるのが、初診時年齢の上昇です。同じ調査で初診時の平均年齢が一九・六歳だったのですが、最近私の外来を訪れる相談事例のほとんどが、二十代以上です。かつては比較的まれだった三〇歳以上のケースも、もはや珍しくなくなりつつある。もし「自然な離脱」がそれほど容易で確実ならば、こうした年齢の上昇はどのように説明されるのでしょうか。すでに私の関わっているひきこもり事例の最年長者は四十代後半にさしかかっています。

以上の理由から、私はこれからも当分の間は、みずからの経験にもとづき「放置しても離脱は起こりにくい」ということを伝え続けたいと考えています。そこに変化を呼び込みたければ、第三者による治療や支援が必要とされるであろうということも。もっとも、ここでいう「第三者」は、必ずしも精神科医である必要はないのですが。

さらに私は、子どもがひきこもっている場合、親には本人に対して治療を受けるよう説得したり誘導したりする権利があると考えています。これは子どもに対して衣食住の保障と経済的支援を与えることとのひきかえに生ずる権利です。おわかりのように、私はそれが「フェア」であると考えているのです。ただし、そこに強制があってはなりません。また、これは親の義務ではなく、権利であるというところが重要なポイントとなります。

もちろん本人にも、そうした親からの誘導を拒否する権利があります。ただし、本人自身もなんらかの治療や支援を希望していることが、後ではっきりしてくるケースが少なくないことも事実です。以上のような根拠で、私はひきこもり事例の治療論を今後も展開していきたいと考えていますし、治療行為から撤退するつもりもありません。つまるところ、私の介入は時にはお節介かもしれないけれど、それを強制しないことと、治療関係を深める中で、その都度彼らに許してもらっている、というのが正直な実感ということになります。

ところで、私がいつも考えている「何がフェアであるか」という問題意識は、いまのところ批判派にも擁護派にも欠けているように思います。とりわけ擁護派がしばしば見過ごしている、あるいはわかっていても気づかない振りをしている問題に、「成人したひきこもり事例を、親は扶養する義務があるか」ということがあります。もちろん法的義務はありますが、道義的にはどうでしょうか。治療すべきか否か以上に、この点は切実な問題であると思います。しかし残念ながら、この点について十分に説得力のある回答を、私はまだみたことがありません。私自身の答えは、すでに示しました。つまり、「義務」はないが、三つの選択肢を冷静に吟味するなら、さしあたりの折衷案として「扶養しつつ治療（支援）を促していく」という姿勢がもっとも望ましいのではないか、という提案です。

「医学」の役割

「ひきこもり」について、それが病名や診断名ではないにもかかわらず、医師が発言するという矛盾についてはどう解決すべきでしょうか。まず端的に言って、ひきこもりに随伴するさまざまな精神症状、およびそのひきこもりがどの程度精神疾患によるものであるかを判定するという役割が期待されます。たとえばうつ病を「ひきこもり」と誤診して治療をしなければ、自殺に至る可能性を高めてしまうかもしれません。あるいは破瓜型と呼ばれるタイプの統合失調症を「ひきこもり」と誤診した場合は、長期的には慢性化して、QOLが著しく下がることも予測されます。こちらについては、「それでも構わない」という意見はさらに少数であろうと思いますので、予防のために医学的な知見や技術を利用することに異論は少ないでしょう。

先にも述べたとおり、私はひきこもりそのものの価値を単純に判定するつもりはありません。そもそも価値判断は、医学の担うべき役割ではないからです。この場合、医学に期待されているのは「予測の精度を上げる」ことで、当事者や支援者の判断を助ける機能ではないでしょうか。たとえば「半年以内のひきこもり状態は、叱咤激励を繰り返した場合よりも、周囲が干渉せずに見守る対応をした場合のほうが、そこから抜け出す可能性が八〇%高まる」とか、「家族以外の第三者の介入なしで五年以上放置されたひきこもり状態は、そのまま一〇年以上に長期化する割合が九五%である」といったような、調査研究にもとづいた情報（医学的根拠＝Evidenceと言います）を提供する機能です（＊ここに挙げた「情報」は仮のもので、医学的根拠はありません）。

この予測には価値判断は含まれません。ただ「こう対応すれば、こんな結果が得られる」という因果関係についての情報を提供するだけです。たとえば、ずっとひきこもっていたいと願う人は、この情報を利用して「できるだけ第三者とは接触すまい」と決意することもあっていいわけです。

こんなふうに言うと、いかにもドライで索漠としていますが、これは医学全体が徐々に向かいつつある方向でもあります。パターナリズム（「依らしむべし、知らしむべからず」）は、すでに過去の遺物となりつつあります。患者は消費者あるいは医療ユーザーとなり、医療に対して情報開示とサービスとしてのクオリティを求めはじめています。これは同時に、医療ユーザーの側の自己責任を追及する傾向にもつながっていくでしょう。そのとき、もはや「健康」にすら自明の価値は置けないかもしれない。医療とは最終的に「病気を治したい人」や「健康でいたい人」に対して、不健康な状態から抜け出し、あるいは健康であり続けるための情報と医療サービスを提供するための知識と技術の体系になっていくのかもしれません。

支援における倫理

ひきこもりが「治療」の対象なのかどうか、あるいはひきこもる自由を社会がどの程度保証すべきかについては、この問題が存在し続ける限り、今後も議論を続けていかねばならないでしょう。ひきこもっている当事者が自由を享受してひきこもっているのか、単に苦しみながら救いを求めているのか。これをいま判断しているのは現場の臨床家や専門家でしかないわけで、これはとても危険なことかもしれません。やはり必要なのは、当事者のリアルな声を反映する場所です。電子掲示板の匿名発言だけでは不十分でしょう。この点では、まだマスメディアにもさまざまな可能性が残されていると思います。

治療の当否以外にも、たとえば支援や介入のあり方の倫理性や正当性についても、十分に議論されつくしたとは言えません。さしあたり共有されるべきは、「確信的にひきこもっている人には、直接手を触れるべきでない」という大前提でしょう。ただ経験的には、「確信的に」「のびのびと」ひきこもれる人はかなり少数派であろうと思います。少なくとも私自身は、これまでそのような人に出会った経験はありません。

むしろ、ほとんどのひきこもりの人に共通する葛藤構造は、平たく言えば「ひきこもりたくないのにひきこもってしまう」というものです。他の場所でも述べてきたように、システマティックな悪循環の構造の中に取り込まれ、抜け出したくても抜け出せないという状況がそこにある。そのことはわかっていますが、だからといって、外からの強引な介入によって、想定される悪循環を壊す権利は、少なくとも治療者や支援者にはありません。そもそも「抜け出したいのに抜け出せない」という葛藤の存在自体が、実際に関わってみてからはじめて見えてくることが多いのです。どうみても困っていることが明らかであっても、助けを求められない限りは、けっして手を出さない。こうした禁欲が守れない人は、ひきこもりの支援に関わるべきではないとすら思います。

たとえば私は、ひきこもりの訪問支援活動には、原則として関わるまいと考えています。訪問支援は、こちらから当事者の自宅まで出向いていって、直接本人に働きかけようとするような、一歩踏み込んだ行動です。しかしこうした支援は、本人の生活空間を脅かすという「侵襲性」と結びついてしまう可能性があります。もちろん、現に訪問支援に関わっている人たちの活動や、その有効性を否定するつもりはありません。むしろ訪問支援はかなり有効な支援手段であろうとすら思います。ただ私自身が、その種の善意や有効性ゆえに暴走してしまわないという自信が持てないのです。それゆえ、現時点で私個人がそれに積極的に関わることはすまい、という決意表明を繰り返しておきます。ここにはもう一つ、「訪問抜きでも支援や治療は可能である」ということをモデルとして示しておきたいという、個人的理由があることも付け加えておきましょう。

ひきこもっている人を説得して家から連れ出してくる権利は、ぎりぎり親には与えられるけれども、第三者には与えられないと私は考えます。本人のひきこもり状態、すなわち経済的な依存が、親子という関係性の中でさしあたり正当化されているのですから、親からの働きかけも同様の理由で正当化されていいと思います。

たとえば東京都福生市の青少年自立支援センター、通称「タメ塾」は、民間のひきこもり支援活動としてはもっとも早くからあるものの一つです。ひきこもり事例の家庭に訪問を繰り返しながら塾への入寮を促し、緻密な就労支援プログラムで社会復帰をはかる。批判や強制、叱咤激励を排除して、就労という一点を目指したその活動方針は、支援活動のモデルケースとして高く評価されています。しかし私は、そうした支援活動にすら、時には批判的です。それがどのような批判であるかは、工藤塾長との対談集『激論！ひきこもり』（ポット出版）をご参照ください。いかにして人を動機づけるかについて、私と工藤塾長の基本的姿勢の違いがはっきり出ていると思います。

私がこのような倫理性の検討を重視するのは、ここにも擁護派が見落としている、あるいはあえて無視している大きな問題があるからです。営利目的か崇高なる使命感かは判然としませんが、このところ「ひきこもり救出ビジネス」が目につくようになりました。名古屋を活動の拠点にして「二時間でひきこもりを直す」と豪語する、長田某なる自称カウンセラーや、たかだか家庭内暴力の事例をスムーズに精神病院へ移送してくれるトキ○警備といった会社がメディアで評価されつつある。彼らへの批判は、いずれ機会をあらためて展開したいと考えていますが、こういう粗悪な民間業者の参入をどうコントロールするかが、今後の課題となってくるでしょう。

彼らのしていることは、専門家が手を出したがらない間隙をうまくついたニッチビジネスです。たしかにそうした手法で「直る（*「治る」にあらず）」ケースもあるでしょう。

しかし、社会復帰できるなら手段は選ばない、という態度こそ、最悪の治療主義ではないでしょうか。私はひきこもり問題については、回復過程の品位こそがもっとも重要ではないかと考えています。「とにかく治りさえすればいい」という乱暴な発想は、余裕がないときほど魅力的にみえるものですが、ここは断固、踏みとどまるべきところです。ここで私が「品位」と呼ぶのは、主に当事者の自尊心と自発性に対する十分な配慮を指しています。治療を受け入れた段階で、すでに自分のプライドをすべて売り渡したような気分になっている当事者たちを、さらなるお説教や強制で痛めつけ「矯正」しようとすることは、その有効性を云々する以前の問題です。場合によってはきわめて有効であっても、してはいけない治療はたくさんあります。そう、たとえば「ロボトミー」や「インスリン・ショック療法」などがそうですね。

私は彼らのしていることを「ニッチビジネス」であると批判しましたが、必ずしも彼らのしていることを「金儲け」とは思いません。むしろ、ひょっとすると彼らは私以上に「善意」なのかもしれない。そう考えて、ようやくわかりました。彼ら「善意の支援者」の恐ろしさが。中野好夫氏の『悪人礼賛』(ちくま文庫)に、こんなくだりがあります。

善意、純情の犯す悪ほど困ったものはない。第一に退屈である。さらに最もいけないのは、彼らはただその動機が善意であるというだけの理由で、一切の責任は解除されるものとでも考えているらしい。

悪人における始末のよさは、彼らのゲームにルールがあること、したがって、ルールにしたがって警戒をさえしていれば、彼らはむしろきわめて付合いやすい、後くされのない人たちばかりなのだ。ところが、善人のゲームにはルールがない。どこから飛んでくるかわからぬ一撃を、絶えずぼくは悔々《きょうきょう》としておそれていなければならぬのである。

なるほど、彼らの「いかがわしさ」は、それがルールの存在しない善意による暴力である、というふうに考えるならば、よく理解できます。

それでは私は悪人なのでしょうか。残念ながら、それはわかりません。ただし、香山リカ氏がいみじくも指摘したように、信頼できる精神科医には、微量の悪意が必要であるとは思います。どういうことでしょうか。みずからの善意を信じられる人間は、みずからの行為そのものを懐疑したり、内省したりすることがありません。いっぽうみずからの悪意を自覚している人間は、多くの場合、そのことをめぐって内省したり、悪意をコントロールしたりすることを考えるでしょう。それを言うなら、私はかなり懐疑的で内省的な人間ですし、私に限らず多くの精神科医がそうでしょう。もっと言えば、私たちはそれこそ

「ルール」でがんじがらめの存在です。ユーザーがしっかりした消費者意識を持ち、過大な期待さえ抱かなければ、善意の支援業者よりは精神科医のほうが、安価で安全な「解決手段」なのかもしれません。

ところで、多くのひきこもり全面擁護派の人々も、こうした「善意の悪」を発揮しがちです。彼らはマイナーな立場であることに慣れすぎてしまったせいか、社会的影響力に無頓着な、「純情」きわまりない放言を繰り返しているようにしかみえない。また、そのためか、その意見に納得できない人たちが多数存在する可能性に思い至りません。しかし、そうした人々が上述したニッチビジネスに取り込まれていく危険性を少しでも想像する力があるのなら、もう少し擁護のための戦略を考えるべきでしょう。ただしそれは、この手の業者をもっと批判せよ、という意味ではありません。精神科医がこの問題に関わってしまうことはもはや避けられないのですから、素朴なひきこもり肯定論などは癒し系の評論家にでも任せて、倫理的かつ有効な関わり方に関する議論に加わってもらいたいのです。たとえ悪しきマニュアル化や操作主義と批判されようと、こういった標準化はこれからますます必要になってくるでしょう。この問題に精神科医の関与を期待するのは、少なくとも医師には守秘義務と説明責任があり、医師と患者が公正な治療関係を築くことが期待できるからです。倫理性をめぐる議論は、こうした治療実践の上に築かれるべきではないでしょうか。

メディアとの関わりにおける倫理

臨床家である私のもう一つの立場は、メディアを通じてひきこもりの存在をできるだけ正確に知ってもらうことです。これは啓蒙的な立場と言えるかもしれません。ただし冒頭で述べたとおり、私はひきこもりについて、単純な否定も肯定も排したところから常に出発したいと考えています。これは先ほども述べた直接的な有効性ということのほかに、私自身を一種の「メディア」として、当事者に有効活用してもらうことを考えるからです。私の発言に誤りや偏りがあれば、当事者や支援者からの批判もできるだけ反映させていきたい。だからこそ、みずからをできるだけ既成のイデオロギーから自由な立場に置き続ける必要があります。

最近になって私の出自（筑波大学！）や発言から、保守系精神科医とみなされる機会も増えてきましたが、私はここでみずからの政治的立場を積極的に表明しようとは思いません。そもそも精神科医が政治に関わりすぎることの危険は、たとえばナチスドイツの歴史が証明済みでしょう。ただ私は、啓蒙の場所を幅広く確保しておくためにも、特定のイデオロギー色に染まることをできるだけ排しておきたいのです。

私はこれまで『赤旗』から『諸君！』まで、『朝日』から『読売』まで、『リバティ』から『聖教新聞』まで、およそ媒体を選ばずに取材や執筆依頼に応じてきました。もちろん私とて立場の使い分けはします。保守系雑誌ではやや批判的に危機感を強調し、革新系雑誌ではひきこもりを肯定的に語る。断っておきますが、どちらも本音です。これは私なりの「戦略的な両義性」なのです（もちろん「恣意的ないい加減さ」ととられても結構です。結局は同じことですから）。立場を固定してしまうことは、結果的に啓蒙の機会を限定的なものにしてしまいます。私はできるだけ中立でありたいと願ってはいますが、啓蒙のためにはときに中立性さえも犠牲にするでしょう。人々に届かせるためには、厳密さよりはわかりやすさ、理論よりは物語、中立性よりは挑発性です。それゆえ私の啓蒙は、ときに挑発的なパフォーマンスたらざるを得ないのです。「ひきこもり」を一過性のブームとして消費させないためにも、これはやむを得ないことと考えています。

たとえば私はメディア戦略として、二〇〇〇年前半、ひきこもりが犯罪がらみで盛んに報道されたおりに、それが犯罪とは統計的・確率的に無関係に近いということを「啓蒙」する役割を積極的に担いました。私の二冊目の著書『社会的ひきこもり』は一九九八年に出ており、メディアが「専門家」として認知しやすいポジションにいたということもあります。私にはこの機会に、「ひきこもり」という呼び名をできるだけ流通させようという目論見がありました。なぜでしょうか。私の推定では当時すでに一〇〇万人以上存在し、メディアでもときおり取り上げられてきたにもかかわらず、その実情があまりにも知られていなかったということもあります。つまり不可視であるがゆえに、ずっと「ないこと」にされてきた経緯があったからです。これはまず当事者にとって不幸なことでした。

それまで、ひきこもっている当事者は、いったい自分が何をしているのか、さっぱりわからなかったといいます。あるいは「世界中でこんなことをしているのは自分だけだ」という思いが、いっそう絶望を深めたという話もしばしば聞きました。家族にとっても悩みは同じです。「うちの子は何をしているのだろう」「こんな状態はうちの子だけだろうか」「どうすれば解決できるのだろうか」多くの家族が、こうした悩みを抱えていたといいます。それゆえ、この状態を命名することそのものに意味があると私は考えました。命名は特殊な問題を一般的な問題にしてくれます。同じ状態に苦しむ仲間、あるいは家族の存在や、解決の可能性についても、何がしかの希望を持つことが可能になります。そして事実、そういう反響が少なからずありました。

時には、ひきこもりについてはあまりしゃべってくれるなという意見も聞こえてきます。しかし、ひきこもりという言葉を知って自己認識が可能になった、他にも仲間がたくさんいるとわかって救われた、という反応のほうが多かった。もちろん、この種の名前が流通することで事例が増えるという「ルーピング効果」(イアン・ハッキング)の問題もあります。命名による精神医学への囲い込みにすぎないという批判もあります。しかし私の考えでは、ひきこもりは事例数が膨大であるにもかかわらず、認識や対応策があまりにも遅れているという問題がありました。その意味では、私は必ずしも報道が事例を増やしたとはみていません。むしろ、その存在に光を当てたという意義のほうが大きかったと考えています。「囲い込み」については、たしかにそのとおりでしょう。ならば、せめて謙虚かつ適切な囲い込みでありたいと私は考えています。さいわい、「ひきこもり」は病名や診断名ではなく「状態」であるというのが、現在の公式見解です。このぐらい曖昧な囲い込みなら、まだ許されるのではないでしょうか。もっとも、こうした私の戦略が本当に有意義であったかどうかは、現時点ではまだ判断が難しい。せめて、それほど有害ではなかったであろうことを祈るしかありません。

命名という行為については、もう一つ、困った問題があります。ひきこもりの拡大解釈です。たとえば「自称ひきこもり」が増加しやすくなる。ひきこもりという言葉の危険性はまさにそこにあるわけで、「会社人間はひきこもり」とか「日本人はひきこもり」とかいくらでもバリエーションが作れます。こちらは評論家の問題です。これらはブーム化がもたらした上澄みにすぎないのですが、影響力は少なくない。こうした事態をできるだけ防ぐべく、私は「病気以外の理由で、半年間、所属や対人関係を持てなかったらひきこもり」という、やや乱暴ではありますが明解な定義を作りました。本人の内面を問題にせず、外的条件の記述だけに徹底したのは、ひきこもる人の内面の安定した記述が難しいことと、内面の記述が自己診断への誘惑につながってしまうことを避けるためです。

存在を広く知ってもらうという啓蒙段階を経た後に、私は自分の関わる仕事を二つの領域に分けました。まず臨床家としては、治療と対応、支援にかかわる有益な情報を提供していくこと。これはどちらかといえば、「ひきこもりは治療や支援の対象」とみなす立場になります。その一方で、メディア向けの啓蒙活動においては、「ひきこもり肯定論」も展開してきました。たとえば私は、ポータルサイト『OUT』で「ひきこもり塾」という連載を持っていましたが、この塾のテーマは「いかに抜け出すか」ではなく、「いかに豊かにひきこもるか」でした。この連載は、ひきこもり肯定派に対して、肯定のための論拠を与えていくことを目指していました。

事例に向きあうときとメディア上とでは態度が異なるのは矛盾ではないか、と思われるかもしれません。しかしこれは、「ひきこもり」という現象自体がはらむ両義性を考えるなら、やはり避けられないことだと思います。著書『若者のすべて――ひきこもり系VSじぶん探し系』(PHPエディターズ・グループ)で紹介したように、いまやコミュニカティブではあるけれども、一人になれない、すなわち、ひきこもれない若者たちが大多数を占めつつあります。そんな中で、ひきこもることの価値を強調しておくことはぜひとも必要なことなのです。ひきこもりは、人間にとって欠くべからざる、一つの能力でもあるということ。集中的なトレーニングや創造の過程は、むしろひきこもることでしか可能にならないこと。そうした事実を踏まえて、社会全体がひきこもりにもう少し寛容になることを私は期待しています。それゆえに、メディア上の発言では、ひきこもりを肯定する論調が比較的多くなるのです。

しかしその一方で、長期間にわたってこじれ、病理性をはらんでしまうひきこもりも存在する。本人も親も離脱を願いながら、それを果たせず悶々としている。そのようなケースを前にして「豊かなひきこもり」という言葉のむなしさや偽善性を感じたことがない人の言葉を、私はどうしても信頼できません。こちらの場合、もっとも誠実な態度とは、抽象的なひきこもり擁護論を展開することではなく、離脱へ向けての具体的な方法論を示していくことではないかと私は考えています。

メディア向けの発言は、広い意味での環境調整です。社会の側の寛容性は、ひきこもっている当事者に、無用な焦燥感やストレスを与えないためにも必要とされるでしょう。もし理想的な寛容さが社会的に確立されれば、ひきこもり人口は確実に減っていくと思います。本来の意味でひきこもることを必要としている人の数は、常に少数であると私は考えるからです。

「良いひきこもり」？

この点も誤解がないようにしておきたいのですが、私はここで「良いひきこもり」と「悪いひきこもり」の区分を試みようというわけではありません。そんなことは、もとより無意味かつ不可能なことです。そういう区分はあり得るとしても、それは啓蒙や治療の実践の中から、その都度、おのずから析出してくるものであって、あらかじめ定義づけたり分類したりできるものではないでしょう。

精神医学の悪い癖として、問題をすぐに臨床単位化したがる傾向があります。これについても残念ながら、稲村博氏は悪い前例を残しています。たとえば氏には『思春期挫折症候群』（新曜社）、あるいは『機械親和性対人困難症』（弘文堂）といったロングセラーがあります。いずれも、その先駆的な着眼点については評価すべきところもあるのですが、およそ学問的な厳密さには欠けています（後者など、あの「ゲーム脳」に先行すること十数年という本です）。これに類した最近の傾向として、ひきこもりに対しても、NWS症候群なる「診断」が提唱されているようです。非統合失調症性ひきこもりシンドロームというわけですが、こちらも普及は難しかろうと思います。さいわい、厚生労働省が「ひきこもり」の定義を公表してからは、こうした臨床単位化の方向は顧みられなくなりつつあるようですが。

性急に臨床単位化してしまうのがなぜ問題なのか。大げさに言えば、医学が生き方の質や価値まで判定することになってしまうからです。

「アダルト・チルドレン」や「セックスレス」といった問題と同様に、ひきこもりはきわめて流動的かつ相対的な問題領域です。一義的に悪とも病気とも決めつけられないけれど、現実にはそれで困っている人がけっこうたくさんいる。こうした問題に対して、制度的な「強い解決策」は無効であるか、しばしば有害です。私が提示してきた解決策も、そういった強さとは無縁のものを目指しています。困っている人が相談に来たら、こうしたらいいですよと助言する。その一方で、とくに困っていない人はそっとしておく。そういった、いくぶん腰砕け的な姿勢にならざるを得ないのです。

もちろん私のメディアへの関与が、結果的に「困る人」を増やしているのではないかという批判もあり得るでしょう。完全に中立な知識や情報があり得ない以上、私の啓蒙活動もそうした傾向をはらむことは避けられないのかもしれません。ただ、良かれ悪しかれ、「ひきこもり」は現代の若者文化を象徴するキーワードの一つになっています。さらにこの現象は、けっして一過性の流行では終わり得ない根の深さを秘めており、容易に語り尽くせる現象ではありません。その意味では、私の立場が常に両義的で曖昧さを残すものであることにも、積極的な意義があると思います。問い続け、語り続けるためには、開かれた両義性こそが、もっとも有効であると信ずるからです。

II

社会病理としての「ひきこもり」

事件としての「ひきこもり」

いま流通している「ひきこもり」のイメージは、実にさまざまです。ある人はひきこもる青年たちが近年爆発的に増加しつつあると言い、ある人はひきこもりなど存在しないと言います。またある人はひきこもり青年は少女を監禁したりバスジャックに走ったりするような犯罪者予備軍であると言い、ある人は彼らがインターネットとテレビゲーム中毒のオタク集団であると言います。彼らを贅沢と言う人もいれば、自己愛が病理的に肥大した若者たちであると言う人もいます。もちろんさまざまな見解があってよいでしょう。しかし、彼らに長く関わってきた現場の一臨床医の立場からみて、少しでも新鮮な意外性のある議論、あるいは使える議論があまりにも少ないのは残念なことです。その理由は、おそらく単純なものでしょう。こうした論議のほとんどが、初歩的な事実誤認か、素朴な連想ゲームの上に成り立っているからです。

二〇〇〇年初頭に、「ひきこもり」がキーワードとなるような事件が続発したことは、いまだ記憶に新しいところです。中でも二〇〇〇年一月二八日に発覚した新潟県柏崎市の少女監禁事件は、「ひきこもり」という言葉が一種の流行語になるほどのインパクトがありました。同じ時期に起こった京都の小学二年生殺害事件、大阪府守口市の通り魔殺人事件、さらには一九九九年七月の全日空機ハイジャック事件や、同年九月に起こった東京・池袋の通り魔事件なども、この問題とけっして無縁とは思われません。二〇〇〇年五月初旬に起きたバスジャック事件の容疑者である一七歳の少年も、高校を中退してからひきこもりがちな生活を送っていたといいます。

いずれの事件も、きわめて異様な印象を、私たちに残しました。その結果、動機や意図のはっきりしない犯罪であることに加えて、これらを結ぶ「ひきこもり」というキーワードが、さまざまな憶測や関心を呼ぶことになりました。とりわけ新潟県柏崎市の少女監禁事件で逮捕された佐藤宣行被告は、高校卒業後、数ヶ月間就労したものの些細なきっかけで退職、以来十数年間に及ぶひきこもり状態にあったようです。高齢の父親は施設に預け、保険の外交員として働く母親を奴隷のように使役する生活だったといいます。佐藤被告は父親の死後、母親と監禁していた少女以外には、誰とも対人関係を結ばずに生活していました。このようなひきこもった生活そのものを、異様なものと感じた人は多かったはずです。しかしいまや、ひきこもりの若者というだけなら、まったく珍しい存在ではありません。

これらの事件の報道に接してまず私が感じたことは、「またしても「ひきこもり」への偏見を助長するような事件が起こってしまった」というものでした。頻繁にマスコミなどでも取り上げられているとはいえ、ひきこもり問題については、いまだ十分に知られているとは言えません。一般の人々にとっては、ひきこもりという状態が、まだかなり珍しいものなのです。そこにこのような猟奇的事件が起こるとどうなるか。「ひきこもり」と「異常犯罪」という二つの耳慣れないキーワードが、あっさりと因果関係で結ばれてしまうのです。「大人になっても働きもせず、社会からひきこもってばかりいるような人間は、やはりどこか異常者なのだ」という、明らかに誤った認識が定着してしまいかねません。当時、そのようなコメントをしたり顔で述べた「文化人」(テレビに出る知識人のこと)も少なくなかったようです。

ひきこもりとは何か

それでは、そもそも「ひきこもり」とは何か。一般には、成人してからも自宅に閉じこもったまま、就労はおろか外出もほとんどしようとしない青年を指します。それはさしあたり、診断名や病名ではありません。一つの状態像であって、その意味では「不登校」や「家庭内暴力」と同じような位置づけの言葉です。前章でふれたように、精神科医の一部には、医学的な臨床単位として位置づけようとする動きもありますが、十分なコンセンサスは得られてはいません。つまるところ「ひきこもり」については、専門家の間でも種々の意見が入り乱れているというのが現状です。私は一介の精神科勤務医にすぎませんが、一九九八年に『社会的ひきこもり』という本を出版した関係で、ひきこもり専門家の一人とみなされることが多くなりました。これも前章で述べたとおり、この本についても一部批判がないではありません。しかしこれまでに、一定の評価や賛同が得られた経緯もあり、ここでいくぶん偏った私見を述べることも許されるでしょう。

先に述べたように、「ひきこもり」は病名ではなく状態を示す言葉です。それゆえに、定義をしっかりしておく必要があります。私による定義は、次の二つの項目からなります。

(1)六ヶ月以上、自宅にひきこもって社会参加しない状態が続いている

(2)他の精神障害が、その第一の原因としては考えにくい

(1)(2)の条件を満たすケースを、「社会的ひきこもり」と呼ぶことにします（ただし、本書では煩雑なので基本的には「ひきこもり」と表記します）。

ここで、ちょっと注釈が必要と思われるのは、「社会参加とは何か」ということです。それは、必ずしも就労や就学のみを指す言葉ではありません。これだけに限定してしまうと、仕事や学校に行っていないけれども、毎日仲間とつるんでたまったり語ったりしている元気な若者たちまで「ひきこもり」と呼ばなければならなくなります。私はこのタイプの若者たちのことも取材を通じて知る機会がありましたが、彼らは私が臨床場面で診てい

るひきこもりの若者たちとは、ほとんど対極的なまでにメンタリティが異なります(その詳細は前掲『若者のすべて』をご参照ください)。

ですから私は「社会参加」という言葉を「家族以外の親密な人間関係を持つこと」という広い意味で用いています。一臨床家として、ひきこもり事例を病理性という視点から考えるなら、「外出ができるか否か」は、それほど重要な問題ではないからです。経験的には「対人関係がどの程度あるか」のほうが、はるかに有益な指標となります。つまり、たとえ少数でも、家族以外に親密な仲間関係が存在するなら、それがまったくない場合に比べ、早期の社会参加が容易になりやすいのです。もっとも、これは経験的な判断にすぎず、さらに言えば「親密さ」や「人間関係」という定義困難な言葉を使わざるを得ないところにも問題はあるでしょう。

もちろんこの定義だけでは、どのような状態なのか、いささかイメージしにくいかもしれません。ひきこもりの典型的なケースとして「不登校の成人版」を考えていただければ、少しはわかりやすくなるでしょうか。実際、ひきこもりは当初、不登校という形ではじまることが多い。こうした事例が社会参加のチャンスを逸したまま学籍を失い、成人してしまった場合、その呼称は「不登校」から「(社会的)ひきこもり」に変わるのです。

それでは、ひきこもりの青年たちは、どんな生活をしているのか。彼らは文字どおり、社会からひきこもるのみならず、しばしば家の中でもひきこもります。つまり、ほかの家族を避けて自分の部屋にひきこもってしまうのです。そんな彼らにとって、平日の昼間はいちばん辛い時間帯です。それゆえ日中は寝ているか、無為なまま茫然として過ごすことが多いようです。いきおい生活時間は昼夜逆転し、きわめて不規則なものになります。彼らの生活スタイルは、夕方頃に起きだして、深夜までTVやゲームなどに没頭し、明け方になって眠りにつくというパターンになりがちです。食事時以外は家族ともほとんど顔を合わせず、滅多に外出することもありません。雨戸とカーテンを締め切った部屋は何年も掃除されず、本やビデオ、CDなどが堆積し、本人は物やゴミに埋もれるようにして暮らしています。入浴も散髪もほとんどしなくなり、きわめて不潔な状態ですごしている場合も珍しくありません。中にはトイレにも行かなくなり、ペットボトルなどに排泄して、それを窓から捨てるような生活をしていた人もいました。

彼らの心の中は、しばしば焦燥感と惨めさで充満し、誇大な自我理想（ほぼ「プライド」に相当する）を持つことでようやく自分を支えています。しかしそれでも、激しい空虚感や絶望的な怒りがたびたび襲ってくる。これは理想自我（ほぼ「自信」に相当する）の機能が衰弱しているためです。このため、望んでもいない暴力をつい振るってしまうこともあります。苦しければ苦しいほど「いつかは自力で立ち直ることができる」というプライドにしがみつくために、他人に助けを求めることはおろか、治療機関を受診するなど思いもよらないことが多いのです。

彼らの状態は「無気力」「アパシー」「自閉」などの形容をなされるべきではありません。彼らの状態がいかに無為・無気力なものにみえようとも、それは見かけ上のことです。彼らの「普通の生活」に対する憧れの強さは、平均的な若者の「意欲」の比ではありません。同様の意味で、彼らは「自閉」しません。「自閉」とはいわゆる「自閉症」に限らず、「コミュニケーション拒否」を意味しないからです。それは厳密には、コミュニケーションへの欲望を欠いた状態のことです。ひきこもり事例のコミュニケーション拒否は、むしろ絶望的なまでのコミュニケーションへの憧れを背景としているのです。

ここでもういちど強調しておきましょう。いかに重篤な病理性があるようにみえようと、彼らの抱える問題は、あくまでも神経症圏内に留まっています。精神分析の立場から考えても、彼らはわれわれと同様に「神経症者」なのであり、その葛藤に共感することは比較的容易にできます。その事実を保証するのが、彼らの健全なコミュニケーション能力です。

彼らに会ったことのある人々は、みな意外そうな顔で口々に言います。「あんな元気で明るい普通の若者が、どうして働くくらいのことができないのか」と。そう、ひきこもりの若者たちの多くは、会ってみればごくまっとうな判断力とコミュニケーション能力とを持った普通の若者にしかみえません。彼らは診療場面で、あるいは聞くところによればマスコミの取材場面で、きわめて能弁です。なぜでしょうか。理由ははっきりしています。彼らは自分の役割（患者もしくは取材対象といった）が明確にされている場面では、その役割を正しく理解し、それを適切に演ずることができるのです。しかしひとたび、屋外に一人で出かけたなら、彼はたちまち困惑してしまうでしょう。自分が一般社会でどのような役割を引き受けるべきか。それが判然としない場面では、彼らは困惑し、言葉を失ってしまいます。場や役割が与えられなければ、自分は何ものでもない、という思いにうちひしがれてしまうからです。

「ひきこもり」をめぐる誤解

冒頭で述べたように、いま「ひきこもり」はさまざまな誤解にさらされています。典型例をいくつか挙げてみましょう。

まず、ひきこもりは最近の流行現象であり、このところ急速に増加しつつある、という誤解があります。私自身の経験では、現在ひきこもりと呼ばれているものとまったく同じ状態を呈する事例は、八〇年代の中盤には、すでに珍しいものではありませんでした。当時は「ひきこもり」という言葉こそ使われていませんでしたが、たとえば稲村博氏は、一九八三年に出版した著書『思春期挫折症候群』や一九八九年の『若者・アパシーの時代』(NHKブックス)などで、同様の問題について早い時期から積極的な提言を試みています。また、私が著書『社会的ひきこもり』に引用した、ひきこもり事例八〇例のデータは、ほぼ一〇年前、一九八九年の時点で集計されたものです。もちろんこうしたことは、私だけの経験ではありません。たとえば前出のNPO法人・青少年自立援助センター（通称「タメ塾」）を運営する工藤定次氏によれば、氏が現在ひきこもりと呼ばれているようなケースに最初に関わったのが、一九七八年であったとのことです。

以上のような経験的根拠があるため、私は「ひきこもりの急増」という表現にはどうしても違和感を覚えてしまいます。それは爆発的に増加したというよりは、ここ数年で爆発的に認識されたにすぎません。私が精神科医になった一九八六年の時点で、すでに彼らは珍しい存在ではありませんでした。ひきこもりの前駆的な現象と考えられる不登校が報告されはじめたのが一九五〇年代後半です。そのことを考えあわせるなら、不登校の延長線上にあったと考えられるひきこもり事例数が、一九七〇年代後半あたりからじわじわと着実に蓄積して今日に至ったと考えるほうが、推論としてはより自然なのではないでしょうか。

もう一つの誤解として「ひきこもりは犯罪者予備軍」というものがあります。しかし私の知る限り、ほとんどのひきこもり事例は、犯罪とは無縁の生活を送っています。私はこれまで、初診だけ、あるいは家族相談だけの事例を含めると一〇〇〇例以上のケースに関わってきましたが、報道されるような深刻な犯罪をおかした事例は経験がありません。これは考えてみれば当然のことで、犯罪者は「反社会的行動」という形で、きわめて深い社会参加を成し遂げているとも言えるわけです。「非社会的行動」であるひきこもりがそれと無縁であるのは、ある意味で当然のことではないでしょうか。冒頭で紹介した一連の事件がひきこもりとまったく無関係とは思いませんが、きわめて例外的なケースであることは、繰り返し強調しておきたいと思います。

私には、ひきこもり青年の犯罪率は、一般人口のそれよりも、よほど低いのではないかとすら思えてならないのです。さらに私は、けっして冗談ではなしに、数十万もの若者たちがひきこもる、つまり非社会的行動に走ってくれるおかげで、日本の青少年の犯罪率の著しい低さ（概ね欧米よりも一ケタ程度低い）が可能になった、とすら考えています。そう、彼らはまさに、わが国の平和に貢献しているのです。

調査・統計のデータ

素朴な印象論や連想ゲームに陥らないためにも、ひきこもりについてこれまで公表されたデータをいくつか参照してみましょう。

厚生労働省の厚生労働科研究事業「社会的ひきこもり等への介入を行う際の地域保健活動のあり方についての研究（主任研究者：伊藤順一郎　国立精神・神経センター　精神保健研究所社会復帰相談部長）」の平成一五年度の研究成果が、二〇〇三年七月に発表されました。その主な内容は、全国の保健所、および精神保健福祉センターを中心に行われたアンケート調査の結果です。

ちなみに、この研究における「社会的ひきこもり」の基準は、次のようになっています。

(1)自宅を中心とした生活

(2)就学・就労といった社会参加活動ができない・していないもの

(3)以上の状態が六ヶ月以上続いている

ただし、

(4)統合失調症などの精神病圏の疾患、または中等度以上の精神遅滞(IQ55〜50)をもつ者は除く

(5)就学・就労はしていなくても、家族以外の他者(友人など)と親密な人間関係が維持されている者は除く

今回の調査対象は、全国六一ヶ所(指定都市一二、都道府県四九)の精神保健福祉センター(回答率一〇〇%)と五八二ヶ所の保健所(回答率九四・七%)です。これらの相談窓口に、平成一四年一月一日から一二月三一日までの一年間で寄せられた相談は、電話が延べ九九八六件、来所が実数で四〇八三件、あわせて一万四〇六九件ありました。

このうち、本人もしくは家族が来所したひきこもり事例三二九三件(総来所相談の八〇・七%)について分析したところ、次のような結果となりました。

ひきこもっている本人の平均年齢は二六・七歳、三〇歳以上の事例は三割以上、三六歳以上の事例も一割近くを占めており、前回の調査時点に比べても、高年齢化の傾向がうかがえます。ひきこもっていたと推定される期間が一〇年以上に及ぶものも、全体の二割近く（七六〇件）に及んでいました。性別は、男性が七六・九％を占め、小・中学校いずれかの不登校経験者は三三・五％ありました。

本人の問題行動については、近隣住民への迷惑行為などを含む問題行動をともなう事例は四・〇％と少ないものの、家庭内暴力は一九・八％にみられ、器物破損や家族の拒否など、家庭関係に影響を与えるような行為のある事例は四〇・四％と多くみられました。

この調査結果にもとづいて、「10代・20代を中心とした『ひきこもり』をめぐる地域精神保健活動のガイドライン」が作られ、各都道府県の保健所、児童相談所、精神保健福祉センターなどに業務参考資料として配布されました。二〇〇一年になされた調査ですでにガイドラインの暫定版は配布済みでしたが、今回の決定版は、より実用性の高い充実した内容になっています。その内容は、さきほどの調査結果とともに、厚生労働省のホームページから閲覧ないしダウンロードできます（http://www.mhlw.go.jp/topics/2003/07/tp0728-1.html）。

調査結果にある相談件数一万四〇六九件という数字は、けっして小さいものではありません。家族会での経験からみても、ひきこもり事例の本人ないし家族が、保健所や精神保健福祉センターを受診する頻度は、けっして高いとは言えないからです。その事実から考えるなら、この数字の大きさは、むしろ驚くべきものとなるでしょう。また、今回の調査研究の意義は、実態の一端を明らかにしたことにとどまりません。とりわけガイドライン配布は、はじめて「ひきこもり」が精神保健行政サービスの対象として認知されたことを意味しています。これは、精神保健行政に関わるすべての相談窓口において、今後は少なくとも「門前払い」が不可能になるという点からも画期的なものと言えます。また、保健所では相談を受けられるが精神科外来では相手にされない、といったアンバランスな事態は、あり得るとしても一過性のものとなるでしょう。

これに関連して言えば、ひきこもりへの反応が最も鈍いように思われた精神医学の側でも、このところ少しずつ進展がみられています。たとえば、『精神医学』『臨床精神医学』『最新精神医学』『精神療法』『精神分析研究』など、主要な精神医学の専門誌のほとんどが、これまで一度は「ひきこもり」を特集しています。加えて、長らくこの問題に対して消極的であるように思われた日本精神神経学会でも、二〇〇一年に学会誌（一〇三巻・第七号）に近藤直司氏のひきこもりに関する総説的論文が掲載されるなど、徐々に状況は良いほうに変わりつつあると言えるでしょう。

それでは、ひきこもり人口は、全国でどのくらいの規模に達しているでしょうか。私は、みずからの臨床経験にもとづき、三年ほど前から「ひきこもり一〇〇万人説」をマスコミなどを通じて提唱してきました。たとえば、統合失調症という疾患は、平成一一年の厚生労働省患者調査によれば、日本全国で約六七万人の患者が治療を受けているといわれています。治療を受けていない患者も相当数いることを考えるなら、その潜在数もあわせて一〇〇万人近い数が存在するであろうと予測されます。私が出版やマスコミ業界に関わる以前から、外来で統合失調症の新患とひきこもり事例の新患に出会う頻度が拮抗しつつありました。さらに近年では、ひきこもり事例の方がむしろ多くなるという事態を経験してきました。ということは、ひょっとすると、ひきこもり事例の「有病率」は、統合失調症のそれに匹敵するのではないか。そのような発想が、この推定のほとんど唯一の根拠になっています。

二〇〇一年四月一〇日に教育評論家の尾木直樹氏が主宰する臨床教育研究所「虹」が発表した調査研究の結果（http://www2.odn.ne.jp/oginaoki/）は、現時点でひきこもり人口を推定するうえでの、ほとんど唯一の統計資料です。主に尾木氏の講演会参加者を中心とした一般市民二九三四人を対象に行ったアンケート調査の結果、「ひきこもり」という言葉を知っていたものは全体の九四・九%、また、身近にひきこもりの若者を知っていた人は全体の二九・二%、うち家族にひきこもり事例を抱えていたのは全体の約三%にも及んでいました。もちろん教育に関心のある層を対象としている点など、調査に多少のバイアスがかかっていることは否めません。しかし、それでもこの数字には驚くべきものがあります。尾木氏はこの結果から、ひきこもり人口を八〇万人から一四〇万人と推定していますが、これは筆者の臨床的実感とほとんど一致するものです。

また、国立精神・神経センター精神保健研究所成人精神保健部の金吉晴氏らによって作成された、厚生科学研究補助金（障害保健福祉総合研究事業）分担研究報告書「引きこもり事例の有病率に関する実態調査」は、さらに信頼性の高いデータとして評価できる内容のものです。

この研究は、三重県尾鷲市において、二十歳代から六十歳代の親一六五五名を対象として、子どものひきこもりの自記式調査を行ったものです。一四二〇名から回答があり（回収率八五・八％）、回収者のうち子どものひきこもりを経験した親は一六名であり、これは回答した世帯数の一・一三％を占めていました。また、回答した世帯全体の子どもの総数に対するひきこもり経験者の比は〇・九二％でした。この結果から敷衍して考えるなら、やはり「一〇〇万人」という数字は、それほど荒唐無稽なものではないのかもしれません。

ただし、これらは残念ながら、疫学的に厳密な調査とは言えません。今後そうした大規模な調査が実施されることに期待したいところです。ただし、ひきこもりの疫学的な調査や大規模なコホート研究は、他の疾患と比べても原理的な困難性をかかえています。「原理的に」というのは、まず第一にプライヴァシーの問題があります。内科疾患の調査などとは異なり、個人の生き方そのものに関わる調査だけに、対象者の同意を得ることはきわめて困難になるでしょう。また、たとえ調査名目であれ、第三者の介入はひきこもり状態に大きな影響を及ぼすことが予想されます。あり得る可能性としては、調査に参加しているという意識が、ひきこもりからの離脱を促してしまうといった影響が考えられます。観測者が対象の性質に影響を及ぼしてしまうという、いわゆる観測者問題は、ひきこもりでとりわけ顕著になるでしょう。今後、疫学的な調査研究をデザインする際には、こうした点にも十分な配慮が必要となるはずです。またそれが予測できるからこそ、多くの臨床家による「関与しながらの観察」の成果に期待したいのです。

不登校との関連

不登校とひきこもりの関連性と言えば、旧・厚生省は一九九一年に「不登校・ひきこもり対策事業」を策定しています。これは「ひきこもり」の言葉が公的に使用された最初のケースとしては、いちおう「評価」することもできます。ただし、事業そのものは児童福祉法にもとづくものであったために、その対象年齢が一八歳までとされてしまいました。ひきこもりが問題となるのは、そのほとんどが一八歳以上の年齢になってからであるため、これでは対策としておよそ意味をなしません。ただ、この事業名にも明らかであるように、ここでは不登校とひきこもりが連続的にとらえられています。これははたして、事実なのでしょうか。

私自身の調査によれば、ひきこもり事例の八六％に、三ヶ月以上の不登校経験を認めました。このことからも、不登校とひきこもりは連続的な関係にあると推定することができます。それゆえ「どのような家庭のどのような子どもにも起こり得る」ということも、ひきこもりと不登校に共通して指摘できるのです。しかし、その「連続性」がどの程度のものであるかについては、いまだ定説がありません。

二〇〇一年九月、文部科学省は「不登校に関する実態調査」の結果を発表しました(http://www.mext.go.jp/b_menu/houdou/13/09/01099.htm)。この研究は大阪市立大学の森田洋司氏らの研究グループに委託されていたもので、調査対象は、一九九三年度に「学校ぎらい」を理由に年間三〇日以上欠席し、中学校を卒業した生徒です。約五年後の一九九八年一一月から一九九九年二月にかけて、郵送によるアンケートと電話によるインタビューが試みられました。アンケート対象は三三〇七名で、うち一三九三名（四二・一％）から回答が得られました。また電話調査の対象者は九五二名で、うち四六七名（四九・一％）から回答が得られました。この調査は、まずその規模において画期的なものです。これほどサンプル数の多い不登校の調査は過去に例がありません。

調査結果のうち、ひきこもりに関連性の深い項目として「最も長く続いた状態」と「現在の状況」があります。中学校卒業から現在まで、最も長く続いた状態が「なにもしていない」と回答したものは、全体の一七％、また現在の状態として「就学も就業もせず」と回答したものは全体の一三％でした。もちろん、いずれの項目も、そのまま「ひきこもり」を意味するわけではありません。前者については、現在もその状態が続いているとは限らないことを考慮する必要があります。後者については、解説にも明記されているように、結婚して専業主婦になっているケースなども含まれています。そのため、これらの数字にもとづいて推測するほかはありませんが、従来の不登校の予後調査の結果などもあわせて考えるなら、不登校事例全体のおよそ一五％から二〇％が長期化し、ひきこもっていくと推定したとしても、さほど過大評価ということにはならないでしょう。

前章でも紹介しましたが、二〇〇二年八月に発表された学校基本調査によれば、二〇〇一年度における「不登校」の児童生徒数は、小学校二万七〇〇〇人（前年度間より一〇〇〇人増加。対前年度比〇・五％増）、中学校一一万二〇〇〇人（前年度間より四〇〇〇人増加。対前年度比四・〇％増）の合計一三万九〇〇〇人（対前年度比三・三％増）で、過去最多となっています。中学生については、いまや三六人に一人と、早くも「クラスに一人」の水準を突破してしまいました。

増加し続ける不登校児の数に、さきほどの「一五〜二〇％が長期化し、ひきこもる」という推定を関連づけて考えるなら、ひきこもり事例数もまた、今後も増加の一途をたどるであろうという結論に達せざるを得ません。前章でも述べたとおり、ひとたび長期間のひきこもり状態に陥った人は、自力でそこから抜け出すことがきわめて困難になります。たとえ新たにひきこもる人の数は一定でも、そこから抜け出す人がほとんどいなければ、全体の数は増加し続けることになるでしょう。ひきこもり事例がこれほどの規模に至った一つの要因として、こうした蓄積による効果がもっとも大きいと考えられます。

ここには中井久夫氏が精神科病床数の増加を検証する際に用いた「ダム・モデル」が応用できます（『精神科治療の覚書』日本評論社）。流入量すなわち、新たにひきこもりはじめるものの数が、流出量すなわち社会復帰していく数を圧倒的に上回るなら、そこに沈殿してゆく土砂によってダムは埋没するのです。ダムを社会と単純になぞらえることはしませんが、ひきこもり事例の増加が私の個人的印象ではなく、むしろ必然的事実であるという感触は伝わるのではないでしょうか。二〇年以上に及ぶこうした蓄積が、いまや一〇〇万人という規模に至ったとしても、さほど不思議なことではないかもしれません。

それゆえ対策としては、流入量を減少させる、つまり予防策を講ずるとともに、流出量を増加させる、すなわち、ひきこもりからの離脱可能性を少しでも高めていくという二つの方向が考えられます。ただし私自身は、ひきこもり事例への対応については工夫や改善が可能であっても、ひきこもりの予防が可能であるとは考えていません。「予防」という発想は、ひきこもりを悪いもの、病理的なものとみなす発想にもとづいていますが、私は必ずしも、そのようには考えないからです。この点については、前章でくわしく述べました。

ひきこもり予防という考え方の背景には、すべての人間が社会参加を果たすべきであるという価値判断にもとづく発想があります。こうした価値判断を、精神医学が社会に向けて強要することは、疑似イデオロギー的な「精神医学の乱用」につながる可能性がありま す。さしあたり精神医学のとるべき役割は、遷延化した一部の事例における家族関係の調整、あるいは随伴症状の緩和と、それを望む事例に対しては社会参加の支援をするという範囲に留まらざるを得ないのではないでしょうか。

前にも述べたとおり、「ひきこもり」とは状態像であり、それ自体が良いとも悪いとも言うことはできません。ただし不登校と同様、葛藤の強いもの、さまざまな精神症状を呈しているものについては、治療の対象という意味で精神障害の範疇に含まれることもあり得ます。同じ意味で、不登校については、すでに精神医学の対象ではないと断定的に言われすぎている傾向がありますが、この判断はいささか拙速ではないでしょうか。子どもにとってほとんど唯一の社会が学校であり、これに替わる選択肢がけっして豊富とは言えない日本の現状において、不登校はどうしても社会不適応の様相を呈してしまいがちです。

また、一部のフリースクール関係者にみられる「不登校とひきこもりは無関係」という断定的主張は、不当な価値判断（ひきこもりを不登校より悪しきものとみなす）を含んでいるうえに、事実としても、明らかに根拠薄弱なものと言わざるを得ません。彼らがそうした事例をみたことがないとすれば、それは不登校の時点での彼らの関わりが適切であったことを意味するだけでしょう。しかし、それをもって「無関係」と一般化する態度には、誠実さや謙虚さが欠けているのではないでしょうか。この種の「思春期問題のイデオロギー化」（あるいは藤井誠二氏いうところの「子ども教」）がなぜ問題であるかについては、前章で述べたとおりです。

ここでいささかアイロニカルに、私も彼らの口真似をしてみましょう。彼らのしていることは、精神病差別であり、ひきこもり差別なのです。不登校になるような繊細で良い子が、精神病やひきこもりなどといった異常な状態に堕落するはずがないと言っているのも同然なのですから。「無関係」と言われて安堵する親や本人のかげに、そう断定されることで、いっそう疎外感を深めているひきこもり当事者が存在することを忘れるべきではないと私は考えます。彼らが「不登校だっていいじゃないか」という主張に一貫性を持たせたいのなら、むしろ「不登校からひきこもりになることは、いっそう豊かな個性化の過程である」「たとえ最期までひきこもったままの人生でも、深い味わいがある」などと主張するべきでしょう。それが世間的・社会的には、いささか自暴自棄に響いたとしても、彼らにとって世間や社会が、いったい何ほどのものでしょうか。

もちろん私自身は「豊かなひきこもり」などという言葉を、たとえ思ったとしても口に出すことはないでしょう。そんなきれいごとよりは、「過ぎたるは及ばざるが如し」という素朴な常識のほうが、現実的に有効であることを知っているからです。

Ⅲ

ひきこもりシステム——その日本的背景

派生するさまざまな精神症状——二次性の問題

これまで繰り返し強調してきたように、「ひきこもり」それ自体は病気ではありません。病気ではないものに、なぜ精神科医が関与する必要があるのでしょうか。一つには鑑別診断のためということがあります。ひきこもりが他の精神疾患から起こっているか否か、とりわけそれが統合失調症によるものか否かを、初期段階で確認しておくことはきわめて重要な手続きだからです。

さらに重要な点として、ひきこもりに伴う精神症状に治療的に対応するため、ということがあります。ひきこもり状態が長期化してこじれた場合に、さまざまな精神症状が出現することがあるのです。たとえば対人恐怖症状は、ひきこもり事例の約七割に認められます。近所の人にみられることを恐れて、夜しか出歩かない。来客があると部屋に隠れて出てこない。人の視線が怖くて電車やバスに乗れない。またある人は、自分の頭髪が薄くて醜いために人から避けられると言って、高額な植毛手術を親に要求して困らせていました。これは「醜形恐怖」という、対人恐怖症状の一つです。こうした症状がこじれると、近所で自分の悪いうわさ話をしている、といった被害妄想めいた訴えに発展することもあります。

強迫症状も、対人恐怖と同じくらいポピュラーな症状です。これは言ってみれば、病的なほどの几帳面さや潔癖症、完全主義などを指しています。たとえば、少しでも不潔なものにさわると、何十回でも手を洗わずにはいられないとか、性や死にまつわる言葉を嫌って、親がそれを言わなかったか何度も確認させるといった行為がよくみられます。

必ずしも症状とは言えませんが、「退行」すなわち〝子ども返り〟もよく起こります。文字どおり子どものように母親にまといつき、スキンシップを求め、極端になると二十代、三十代の「青年」が母親と同じ布団で寝たがったり、幼児言葉を使いはじめたりする場合もあります。こうした退行現象と深く関係するのが「家庭内暴力」で、一過性のものを含めるなら、ひきこもり事例の半数近くにみられます。壁やドアを叩いて穴を開けるような器物損壊から、親に殴る蹴るの暴力を加えて怪我をさせてしまうものまで、程度も内容もさまざまです。ときおり家庭内暴力が原因と思われる親殺し、子殺しの事件が報道されますが、これらの背景にもひきこもり問題がしばしば関与することは、まだ十分に知られていません。

このように、ひきこもり状態には、さまざまな精神症状が随伴することがあり、それがいっそう離脱を困難にしています。起こり得る症状を、ほぼ頻度順に列挙するなら、対人恐怖（自己臭、醜形恐怖を含む）、被害関係念慮、強迫症状、家庭内暴力、不眠、抑うつ気分、自殺念慮、摂食障害、心身症状、心気症状、などがあります。これらはいずれもひきこもりから二次的に生じた症状と考えられますが、その根拠は以下の通りです。

◎いずれの症状も、「ひきこもり」のはじまりと前後して起こる。
◎いずれの症状も、「ひきこもり」の長期化とともに増悪する。
◎入院など、なんらかの理由で「ひきこもり」状態が中断させられると、これらの症状は急速に改善、ないし消失する。
◎いったん消失した症状も、「ひきこもり」状態が再開されると、ふたたび出現する。

いわゆる神経症圏内の症状が多くみられますが、その多くが二次性、すなわち、ひきこもり状況という環境に対する反応として生じているのが、この問題のきわめて特異な点です。従来の心因論では説明が困難でありながら、しかし心因性としか言いようのないメカニズムで症状が出現してくるからです。

以上の理由から私は、これらの随伴症状によって診断を下す、という立場については懐疑的です。それでは問題の本質をとらえ損なうことになると考えるからです。たとえば、ひきこもりに伴って生じた強迫行為と、もともと強迫性障害があってひきこもった事例とでは、かなり経過が異なります。前者は環境調整やひきこもりからの離脱によって改善を期待できますが、後者ははるかに難治性のことが多いのです。

それぞれの随伴症状の治療については、さしあたり対症療法的にアプローチするほかはありません。ただし、これと並行して、ひきこもり離脱のための環境調整やケースワークがきわめて重要になってくる点が、ひきこもり事例の治療における、もっとも特異な点と言えるでしょう。

こうした「二次性」のメカニズムについては、この章の後半で、精神分析的視点から解釈を試みたいと思います。ただ、この問題については、嗜癖モデルも説明概念として有効であり得るでしょう。たとえばひきこもり問題は、飲酒行動にたとえることも可能です。飲酒それ自体は必ずしも悪いことでも病理的なものでもありませんが、酒量や飲酒の期間が異常に大きくなると、さまざまな問題が二次的に生じてきます。すなわち肝機能障害、アルコール離脱症状、アルコール精神病、アルコール性痴呆などです。ひきこもりについても、その行為自体は問題ないにしても、その期間や度合いが過剰になれば、こうした二次的な精神症状が派生することで、いっそう解決が困難になってしまいます。

いずれの問題にも共通するのは、その本質が単一の疾患という形に還元できず、むしろ本来ならば無害な行動を発端として、多様な問題がシステマティックに発展することです。また、それゆえに社会や家族といった、個人病理以外の要因を巻き込み、またそこから、さらに個人が重大な影響をこうむるという点も似ています。こうしたシステマティックな病理構造を考えないことには、もともと健康な人がなにゆえにひきこもるのか、またなにゆえ「不本意ながらひきこもらざるを得ない」という葛藤状況にこれほど長期間釘づけになってしまうのか、理解することが難しくなるでしょう。

システムとしての病理

ひきこもりのシステマティックな側面を、もう少しくわしくみてみましょう。

ひきこもり状態に伴いやすい症状は、先にも述べたように、ひきこもり状態から二次的に生じた、いうなれば状況依存的な症状です。その成り立ちについては、V章の「サイバースペースと「ひきこもり」」のところで述べるように、閉鎖空間における想像的な退行というメカニズムによって生じたものとも考えられます。ということは、これらの症状を、一種の人工的環境の中で一過性に生じたものとみなすことも可能でしょう。これを精神分析の言葉で言い換えるなら、無意識、すなわち象徴界に根拠づけられない、想像的なイメージのレベルから生じた病理と考えられます。

もちろん「いじめ」体験などを契機としてひきこもる事例も少なくありません。その点から考えるなら、排除され孤立するという外傷的体験を、ひきこもる原因と考えることもできるでしょう。そうした視点からひきこもり状態を、疎外体験の反復強迫（みずから望んでいない、できれば避けたいと考えている行為や状況を、なぜか何度も繰り返してしまう心のメカニズム)と解釈することも可能かもしれません。しかし、ひきこもり一般の要因はさらに多様で、外傷的契機もけっして一様ではありません。そのことを考えるなら、不思議なのはむしろ、なぜ彼らが症状において神経症的な多様さを選ぶことなく、単調ともいうべきひきこもり状態のもとで、似たような症状のパターンを繰り返すのか、という点です。

現代的な病理を考える際には、やはりさまざまなイメージを媒介するマスメディアの存在は、とうてい無視できないほど大きなものです。精神医学において、ある病名や分類が「発見」されることが、その事例数を増加させてしまうというアイロニカルな現象を、科学哲学者イアン・ハッキングは「ルーピング効果」と呼んでいます(『記憶を書きかえる』早川書房)。「ひきこもり」についても、こうしたメディアの介在による影響は無視できません。このような影響が、症状の均質化に寄与している可能性も、社会精神医学的な課題として十分に検討されるべきでしょう。

しかし繰り返しますが、ひきこもりは通常の意味で症状と言えるのでしょうか。たしかに「社会的ひきこもりsocial withdrawal」という言葉は、症状名としてアメリカ精神医学会の『DSM-Ⅳ 精神疾患の分類と診断の手引』でも使用されてはいます。しかし、単一の症状とみなすには、その成り立ちがあまりに複雑で多様ではないでしょうか。強迫症状が強いためにひきこもりから抜け出せない事例もあれば、対人恐怖が強いもの、うつ気分が強いものなど、さまざまな要因が外出や対人接触を困難にしているという現実があります。

ここで検討に値することは、ひきこもり事例が、かなり多様な症状を呈するにもかかわらず、健忘や多重人格などのような、解離性の症状だけはきわめて少ないという点です。これは彼らにおける深刻な心的外傷エピソードの少なさとも関連づけられるかもしれません。ここで考えられることは、「ひきこもり」という行為自体が一種の解離的な環境を提供しているのではないか、という可能性です。そもそも解離とは、葛藤やストレスを逃れるために、記憶や行動、あるいは人格など、いろいろなレベルで心に「壁」が生じてしまった状態を指す言葉です。つまり、かなり目的論的に理解できる症状とも言えます。このことの延長線上で考えるなら、ひきこもる青年たちは、まさに物理的な解離状況に身を置くことによって、自分を、より正確には「自己愛」を守ろうとしているのではないでしょうか。少なくとも、ひきこもり状態の発端においては、そのような契機が認められるように思います。

ただし、それが通常の意味での「症状」と異なる点は、ひきこもり状況が自己生成的に発展する傾向を持つということです。まず、後述する「ひきこもりシステム」で示したような悪循環が生ずるため、周囲の状況が症状の悪化をいっそう促してしまう傾向があります。そのため、ひとたび「発症」してしまうと、反応性に生じてくるさまざまな症状が再帰的にひきこもりを強化して、著しい遷延化が起こります。そしてこれらの症状は、その存在自体が、あるいはその長期化の事実そのものが、個人にとってあらたなストレスないし心的外傷となり得ます。このため、そこでは想像的な変形（＝症状）が象徴的なレベルに干渉するという、通常の症状形成とは逆のメカニズムを想定する必要が出てくるでしょう。ただし、解離性同一性障害などの事例においても、こうしたメカニズムは部分的には想定できるため、このような事情は必ずしもひきこもり事例に特異的なものではないかもしれません。

悪循環について

ひきこもり事例個人の病理性は、それほど重いものではないと私は考えています。少なくとも摂食障害や境界性人格障害などのように、転移―逆転移関係の泥沼化や、繰り返される問題行動によって治療者を困らせるようなケースは、かなり例外的です。しかし、このような浅い病理性にもかかわらず、表面的な適応レベルは著しく低いものになってしまいがちです。その状態像に限って言えば、一部の事例に対しては、ＤＳＭ‐Ⅳ上で「統合失調症」といった診断を下すことも、けっして不可能ではありません。こうした病理と現象との間の大きなギャップも、この問題を個人病理だけで説明することの難しさを示しています。

では、どのように考えるか。その話に入る前に、まず、ある雑誌に掲載されていた永江朗氏のなかなか印象的な文章を紹介しましょう（「it's only reading」『Title』二〇〇一年三月号より）。

先日、首都高ランプの前、合流付近で立ち往生しているクルマを見かけた。故障ではないようで、どうも合流のタイミングを逸したらしい。ああ、引きこもりってこれに似ているなと思った。慣れてしまえばどうってことないんだけど、慣れるまでが大変なんだ。首都高の合流も世間の嫌らしさも。

これは塩倉裕氏の『引きこもり』（ビレッジセンター出版局）という本の書評の中で書かれた文章ですが、ひきこもりのある本質を鋭くついた指摘ではないでしょうか。

ひきこもりの場合、それが起こるきっかけについては、さほど重要な問題ではありません。むしろそれが遷延化する過程こそが重要なのです。少なくともここには、「抱え込み」と「悪循環」という、明白な原因が存在します。

一般にひきこもり状態が長期化してくると、家族はなんとしても本人を動かそうとして、さまざまに揺さぶりをかけはじめます。叱咤激励や正論、お説教などで本人を包囲し、圧力をかけて動かそうと試みるのです。しかしこれらの努力は、いっそう本人のひきこもり状態をこじらせてしまいます。家族と本人との間に不信感の溝が深く走り、断絶が深刻化し、ほとんど会話すらない状態が慢性化していきます。また家族も、わが子がひきこもり状態にあることを深く恥じ、抱え込んで内々に解決しようと考えがちです。その結果、専門家に相談するタイミングがしばしば遅れてしまうことになります。

いっぽう「専門家」のほうも、ひきこもりの治療は敬遠する傾向があります。家族だけの相談には門前払い、という医療機関は、いまだきわめて多い。要するに、事例数に比べて、社会の側に受け皿が圧倒的に不足しているのです。こうした事態は、しばしば地方に行くほど深刻です。非医師による民間の相談・支援機関はかなりの数が存在しますが、そこだけの相談ではどうしても限界があるでしょう。しかし受け皿の一角を担うべき精神科の医療機関については、残念ながら、まだ十分な対応を期待できません。こうした社会の側の対応の遅れも、やはり家族の抱え込みを助長する要因の一つになります。

「ひきこもりシステム」という理解

私はこれまで、大学院生時代から一五年以上ひきこもり問題に関わってきましたが、この間私をもっとも苦しめたのは、この問題を総合的に理解する視点があり得るか、という疑問でした。少なくともスキゾイド・パーソナリティや回避性人格障害といった、個人病理だけではひきこもりの全体像を把握しきれそうにないことは明らかでした。例外があまりにも多かったからです。ひきこもっている本人の内面をどんなに分析しても、そこに特異的な病理構造など存在しません。ひきこもりの原因を、個人の気質や単純な心因（病気の原因が脳そのものではなく、心のはたらきによって起こっていると考えられる場合の、その原因のこと）に求めることには常に限界がありました。むしろその方向をつきつめるほど、家族の、つまり両親の問題が前景化してきたのです。

しかし私はがんらい、家族療法には関心が低かった。さいわい身近に専門家がいたため、その考え方に断片的に接する機会はありましたが、治療への動機づけの乏しいわが国の風土には馴染まないと考えていました。ところがいまや、私の外来はその半数近くをひきこもりの家族が占めています。私はいまもって家族療法には縁が薄いのですが、いつの間にか「家族介入」と「情報提供」に多くの時間を割くようになっていました。

ひきこもり事例の家族もまた、それほど特異な病理を持つわけではありません。多くは中流以上の、高い教育を受けた両親を持ち、破綻した家庭はむしろ少数派です。はっきりとした虐待歴の認められる事例にはいまだ出会えず、特徴らしきものといえば「母：過干渉、父：無関心」という、病理的というよりは、日本的家族の典型のような家庭がほとんどです。しかし治療経験を重ねるにつれ、家族の変化が速やかに本人の変化に直結することが多いという、重大な臨床的事実も明らかになってきました。

私は一時期、この問題を「生活習慣病」の比喩で考えていました。短期間なら必ずしも病気の原因とはなりにくいような習慣（喫煙、飲酒、食生活など）も、長期にわたって蓄積されれば慢性疾患につながるという考え方は、ひきこもりにもよく馴染むものです。うつ病ならば責任や罪責感を背負い込みがちな認知的ゆがみの蓄積が病因の一つに数えられます。では、ひきこもりを形成する習慣とは何でしょうか。私はそれが個人―家族―社会間コミュニケーションにおけるある種の傾向性、つまり「習慣」であると考えました。

個人―家族―社会のそれぞれの場における「習慣」としての病理性が複合的に作用しあって「(社会的)ひきこもり」を形成する。それが事実なら、その病理性を総合的に記述するには、もはやシステム論の援用なくしては困難です。私はたまたま、もう一つの関心領域である精神病理学経由で「オートポイエーシス」理論に関心を持っていました。家族療法の分野ではすでに応用が始まっていたのですが、私はひとまず、まったく自己流にこの理論を応用することを思いついたのです。それが「ひきこもりシステム」理論です。

ここではまず、三つのシステムを考えます。ごく素朴に、それは個人、家族、社会ということになります。「ひきこもり」状態とは、これらのあらゆる領域で、なんらかの悪循環が複合的に生じたために起こる問題です。もちろんこうした悪循環は、多かれ少なかれ、ほとんどの精神障害で起こり得ます。ひきこもり状態できわだっている点は、これら三つの領域が、互いにひどく閉鎖的なものとなってしまうことであり、またその状態が安定してしまうことです。

通常、病気というものは「アンバランス」な状態です。アンバランスですから、放っておけば「治癒」か「死」かという別のバランスへと自然に向かうわけです。ところが慢性疾患の場合は、そうはなりません。慢性疾患では、まさに病んだ状態でバランスが成立してしまいます。ひきこもりもこれに似たところがあります。

精神疾患においても、一般に病理的な状態に対しては、個人、家族、あるいは社会のいずれかのレベルで反作用が働き、そこから治癒に向かうきっかけが得られます。すなわち、個人ならば病識を持つこと、家族であれば愛情と世間体によって、あるいは社会では福祉あるいは社会防衛といった反作用が起こるはずです。しかしひきこもりにおいては、こうした有効な反作用が起こりにくく、ひきこもり状態のまま安定してしまいます。まさに慢性疾患にも似た「バランス」の成立です。ひきこもりが特異であるのは、まさにこの点なのです。たとえば、ひきこもり事例が入院治療で改善したとしても、退院したら元の木阿弥といった経験も少なくありません。これはひきこもり問題がまさに個人病理の次元のみならず、家族病理をも深く巻き込んでいることを意味しているのです。

三つのシステム

ここで比較のために、「健常なシステム」と「ひきこもりシステム」を図示します（図1）。「健常なシステム」（図1-a）では、三つのシステムは互いに接点を持って作動しています。接点というのは、ほぼ「コミュニケーション」と同義です。個人は家族と、家族は社会と、そして個人は社会とコミュニケートし、互いに影響を及ぼしあいながら作動を続けます。もちろんこれは理想化されたモデルなので、現実にはそれほどコミュニケーションがうまくいかない場合もあり得ますが、少なくともここに示したような「接点」が完全に失われることはありにくい。オートポイエーシス理論では、「社会」とは、「コミュニケーションを再生産するシステム」として理解されます。これは言い換えるなら、コミュニケーションし続けることによって、個人・家族・社会の三つのシステムは、それぞれの境界をその都度生み出し続けているということになります。

いっぽう「ひきこもりシステム」（図1-b）では、このような接点が互いに乖離し、機能しなくなります。この乖離は、システム内部で、あるいはシステム間で生ずる悪循環によってもたらされます。システム論では「デカップリング」と呼ばれる事態です。別の

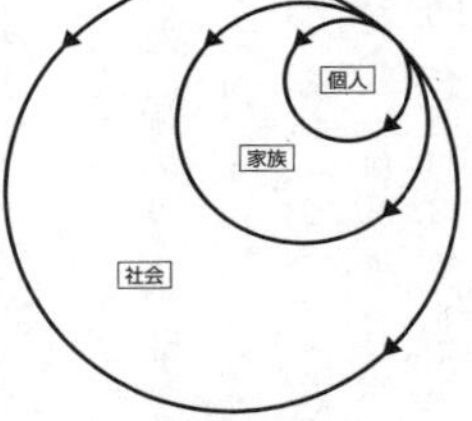

図 1-a　健常なシステム

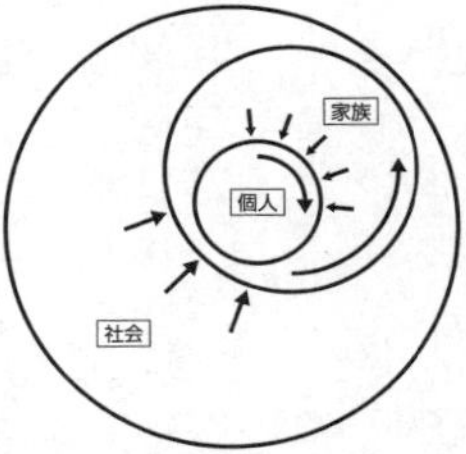

図 1-b　ひきこもりシステム

言い方をするなら、ひきこもりシステムとは「ディスコミュニケーションを再生産するシステム」と考えることもできます。ディスコミュニケーション、すなわち誤解と葛藤、罵倒と断絶のみが、それぞれの境界で生み出され続けているのです。これに加えて、それぞれのシステム内部においても、悪循環が生じています。

まず個人システムについて検討してみましょう。ここには二つの悪循環があります。それぞれ「神経症のレベル」と「嗜癖のレベル」で生ずるものです。「神経症のレベル」とは、文字どおりひきこもり状態に伴う二大症状、対人恐怖症状と強迫症状を指します。この二大症状はそれだけで社会参加を困難にしてしまいます。そしてこれらの症状は、まさに社会との接点が欠如していることによって、いっそう強化されるのです。

「嗜癖のレベル」は、より根本的な問題と言えるでしょう。先にもふれたアルコール依存症患者の飲酒行動と同様に、ひきこもり行動は、それ自体が外傷的な経験となって、さらなるひきこもりにつながっていきます。「ひきこもる自分」への自己嫌悪から逃れるための選択肢は、まさに「いっそう深くひきこもること」でしかありません。心因や症状の多様性はともかく、この点だけはほとんどのひきこもり事例に共通する構造と言えます。これを強いて哲学的に言い換えるなら、そこには存在論的な逆説があります。すなわち「自己を否定し、他者を否定し続けることによってしか、みずからの存在の根拠を維持できない」という問題です。この逆説を十分に理解できれば、ひきこもっている個人へのアプローチは、かなり容易になるでしょう。

それでは家族システムはどうでしょうか。ひきこもり事例を抱えた家族もまた、一種の悪循環の中に取り込まれています。本人がひきこもりはじめ、それが長期化すると、家族の不安や焦燥感が高まります。このため家族は、本人をさまざまに刺激して動かそうとします。つまり正論によるお説教や叱咤激励です。もちろん、このような刺激は本人にとってはプレッシャーやストレスにこそなれ、活動のきっかけにはなり得ません。むしろひきこもり状態を強化する結果に終わってしまいます。しかし容易に予想されるように、家族はいっそうの焦燥感と不安から、半ばは無駄と知りつつもさらなる刺激を加えることになります。そして本人との断絶は、いよいよ深まっていきます。これが家族内悪循環のおおまかな構図です。

家族内の悪循環には、これとは異なったタイプのものもあります。たとえば冒頭で紹介した新潟の監禁事件では、母親と息子との異常な関係性に原因があったのではとの推測もなされているようです。とりわけ父親の不在と母親の過保護ぶりは、ことあるごとに指摘されています。しかし、これらは本当に「原因」なのでしょうか。そもそも、いったい過保護ではない母親、不在ではない父親がどれほど存在するのでしょう。さらに言えば、「過保護」という言葉そのものが乱用されすぎて意味が拡散し、厳密さや限定性を欠いた言葉と化しているのではないでしょうか。通常過保護は、過干渉とセットになっているものです。しかし監禁事件の場合は、母親の対応は「過保護・無干渉」という、さらに難しい状況にありました。こうした状況が、母と息子を抜き差しならない「共依存」の関係に釘づけにします。これは簡単に言うと、息子は経済的にも心理的にも母親に依存しきった生活を送り、母親は「息子の世話役」という役割そのものに依存しているような関係性のことです。ひどい家庭内暴力の話を聞くと、多くの人は「なぜ逃げないのか」と不思議がりますが、その理由の一つがここにあります。こうした共依存関係のもとで母親は「私がいなくなったらこの子はやっていけない」と思い込まされてしまうのです。本人の適応のレベルが低いほど、この関係はいっそう強化されます。こうして、共依存がもたらす悪循環は、限りなく続いていくのです。

最後に「社会システム」について考えてみましょう。通常の社会生活を営んでいるかにみえる家族でも、ことひきこもり問題に関しては社会と断絶していることが多い。具体的には、わが子がひきこもり状態にあることを徹底して隠そうとする姿勢です。この姿勢はひきこもり状態の否認であり、この否認のために治療や相談の開始が遅れてしまいます。また知人や親戚といった社会の側も、「ひきこもりは親が甘いせいだ」という誤った認識から家族を責めてしまいがちです。かくして家族の焦燥はいっそう本人へと向けられ、同時に家族は、ますます否認の姿勢を強化してしまうのです。

このように悪循環の構図には三つのレベルがありますが、もちろんこれらは有機的に連動し、一つの独立したシステムのように安定したものとなっています。私が「ひきこもりシステム」と名づけたのは、まさにそれがシステムとして安定していることを強調するためでした。わずかばかりの治療努力などはノイズとして吸収してしまうほど、このシステムは強固なものになり得るのです。

いささか素朴すぎるかもしれないこうしたモデルは、しかしながら臨床的にはそれなりに有用です。とりわけ「家族指導」の局面では、現在の位置確認と、さしあたり向かうべき方向性を指し示すのが容易になりました。思春期の臨床場面では、どうしても「自立」や「社会参加」といった言葉が目標として設定されやすいのですが、これらの言葉はひきこもりの臨床を空転させるものでしかありません。そうではなくて、たとえば夫婦間の会話を増やすことや、夫婦で相談に通ったり家族会に参加したりすることが治療全体にどのように役立つのか、このモデルはそういう全体の見取りをもたらすためのものなのです。

ひきこもりをシステム論的にとらえようとすることには、実はもう一つの理由がありま す。私は不毛な原因論、とりわけひきこもりを幼児期の親の養育方針や家庭環境のせいにするような説明だけはするまいと決めています。これは、そうした説明が間違っているからではありません。そもそも正しいかどうかは問題ではないのです。こうした説明が、しばしば「犯人探し」の論理にすり替わっていくことを、私は何度も経験してきました。何ごとも心理的に解釈しようとする社会風潮（これについては私も無責任とは言えませんが）が、その傾向を後押しします。その結果、治療者は家族を、両親はお互いを、あるいは当事者が両親を、それぞれ「犯人」に見立てて一方的に断罪しようとします。そうしたことは、もはやいかなる事態の改善にもつながりません。

むしろ、ひきこもりが問題化する契機は、しばしば曖昧だったり、どうとでも解釈できるようなものであったりすることが多い。さらに言えば、たとえ原因がわかったとしても、いまのひきこもり状態を抜け出すにはあまり役に立たないことが多いのです。それゆえ私が重視するのは、ひきこもりの契機や原因ではなく、それがなぜこれほどまでに長期化するのか、という問題のほうです。そのメカニズムを理解するには、過去の原因を問わないシステム論のほうが、はるかに有用です。システム論は、いまシステムが作動するための条件と構成要素は重視しますが、作動の原因や起源はいっさい問うことがありません。システムが誤作動しているならば、その条件と要素間における不具合を調べることで、対策を講ずることもできる。家族を指導するに際しても、誰かひとりを犯人扱いすることなく、家族がおかれている状況全体を問題とするため、治療者の指摘も比較的受け入れやすいものになります。どのような説明が真実であるかは、さしあたり問題ではありません。どのような理論が事態をよりうまく説明でき、家族への説得を効率よく進めることができるか。そのような発想に立って、たまたま私はシステム論を選んだということです。

社会システムとしての「世間」

ここで、どうしてもふれておかなければならない問題があります。それは「世間」の問題です。「世間」は「ひきこもり」のみならず、対人恐怖症などの病理とも密接に関連した、日本に独特の問題ですから、ここで少しくわしくふれておきたいと思います。

思想家・柄谷行人氏はその著作『倫理21』(平凡社)の中で、「親の責任」について述べています。日本では青少年が事件を起こすと、必ず親の責任が問われる。つまり、犯罪という行為の原因が親の養育方針にまで追及され、結果として親の責任が問われるのです。私たちがあの馴染み深い常套句、「親の育て方が悪い」「親の顔がみたい」を口にするとき、まさに私たち自身は世間の側に同一化しているのです。

柄谷氏によれば、日本的共同体には「主体」が存在せず、そこにあるのは曖昧模糊とした「世間」という規制のみであるといいます。こうした「世間」によって犯罪者の親は糾弾され、自殺や失踪という悲惨な結末を迎えることになります。このような「世間」の視線にさらされるとき、体面を気にかける親は子どもをいつまでも拘束し続け、しかしその実、親が子どもに拘束されてしまうという、一種の共依存関係が生まれてしまいます。先にふれた「ひきこもりシステム」と呼んだ悪循環の構図とほぼ同一の状況です。

あらためて強調するまでもなく、「世間」とは幻想、つまり想像的な存在でしかありません。「想像的」というのはつまり、私たちが意識的にコントロールすることが可能な、イメージ的存在ということです。「世間」がコントロール可能というと違和感があるかもしれません。しかし、それはあくまでも、内面の投影にすぎないという意味において「幻想」であり、幻想は意識のありようによって、いくらでも形を変えることができます。それゆえに「世間」は想像的なものにほかならないのです。ある種の理想化された欧米人のように、イメージできない神ないし超自我を倫理の根拠とする場合、みずからの行為は想像的には規定され得ません。行為の価値は、たとえば罪なら罪として、象徴的な位置を獲得することになります。「象徴的」というのは、意識のコントロールが届かない、まさに無意識のレベルで決定づけられることがらを意味しています。

世間体、つまり想像的に内面化された倫理観は、それが「共有されている」という実感なしに正確に共有されてしまいます。この国に誰一人として世間体からまったく自由な人はいないでしょう。ところが、その倫理観の同形性こそが、相手の心を不透明なものにしてしまうのです。なぜなら、世間体という倫理観には、実質的な内容がないからです。それは、ごくシンプルで、おそろしく抽象的なルールなのです。それはおそらく、こんなふうに書き表すことができるでしょう。

「あなたとあなたの家族の言動は、隣人があなたに対して抱く期待からあまり逸脱してはならない。ただし隣人の期待なるものは、あなたが隣人に対して抱く期待にほぼ等しいものとする」

要するに「他人からどう思われるか」に行動の規範をおくと、それはただちに「もし自分が他人だったら自分をどう思うか」という推論につながるわけです。おわかりのように、すでにここには、推論の悪循環につながる要因がはらまれています。

世間の視線を意識するということは、あたかもマジックミラーの向こう側からの視線に怯えることです。相手の顔はみえないが、相手の眼に映る自分の姿はよくみえる（ような気がする）わけです。「世間」という巨大な投影的同一化（たとえば「勘ぐり」や「腹のさぐり合い」のこと）の装置のもと、他者はまさしく鏡として不透明化し、主体はそこに投影された自分の姿に見入ることで、他者そのものはいっそう隠蔽されてしまう。要するに相手にどうみえるか、どう思われるかに気を取られすぎて、相手の心を推し量る術をなくしてしまうのです。これは言うまでもなく、対人恐怖にも通ずる意識です。

対人恐怖の患者たちが口にする「半分知っている人が一番怖い」という言葉は、端なくも「世間」の大部分を構成するのが「半知りの人たち」の視線であることを示唆してはいないでしょうか。半知りとは、先に述べたように、自分の姿を映すだけの他人という位置です。まったく未知の人間は自分を映すことはないし、打ち解けた間柄では、自分がどうみられるかなど問題にならなくなるからです。

柄谷氏は、カントによる「他者を手段としてのみならず、同時に目的として扱え」という道徳法則を私たちの倫理的義務として提示します。この倫理観は、ひきこもりを考えるうえでも有益ではないでしょうか。親と子の双方が「世間」に投影されたみずからの鏡像に拘束されるとき、親子間のコミュニケーションはしばしば断絶します。このとき親は「子どもがひきこもりだなんて、世間体が悪い」と考え、子は「自分は親のせいでひきこもったのだから、親が償ってくれなければ自分は変われない」と考えていることが多い。言い換えれば、これは両者とも相手を「手段」としてしかみなしていないことになります。さらに言えば「世間」もまた、他者一般を手段、すなわちみずからを投影するための鏡とみなすことで成立する概念ではなかったでしょうか。それでは、「ひきこもり」において「他者を目的として扱う」とは何を意味するか。これについては、本章の末尾で述べることになるでしょう。

ひきこもりと「他者」

ひきこもりの状態から「他者」を目指すことは、きわめて困難です。そのことはたとえば、彼らの欲望のあり方をみればよくわかります。治療を必要とするタイプのひきこもり事例では、とりわけその欲望と行為のあり方において、なんらかの病理性をみてとることが可能です。ただし彼らを無気力、ないしアパシーとみなすことは、まさに彼らの表層的なイメージに惑わされた錯覚でしかありません。たしかに彼らには長期的な目標はおろか、たったいま自分が何をしたいのか、何を欲するのかという問いの答えすら持ち合わせないことが珍しくありません。あるいは、もし目標があり得るとしても、それは「小説家」「ミュージシャン」「大学教授」といった、紋切り型なまでに誇大かつ平凡なものであることが多い。それは言うなれば「借り物の欲望」にすぎないようにすらみえるのです。

しかしそれでも厳密には、彼らに「欲望がない」と言うことはできません。なぜでしょうか。以下、ちょっとややこしい説明になります。精神分析の立場は、私たちすべてが言葉を話すことによって自然の調和からは決定的にずれてしまった存在としてとらえます。つまり私たちはみな、健康にみえようが病的にみえようが、「神経症」であるという点では同じことなのです。ですから異なっているのはその「症状」、つまり、不安などの感情や欲望、行動などの現れ方だけ、ということになります。この立場から人間を理解するなら、「語る存在」としての人間、つまり神経症的な主体は、必ずその「症状」としてなんらかの欲望を持つことになるでしょう。

このように考えるなら、「自分には欲望がない」と語る主体もまた、間違いなく欲望を持っているはずです。彼らは単に、みずからの欲望の存在をおそれ、否認しているだけにすぎない。この否認ゆえに、自分の欲望を明瞭なイメージのもとで意味づけ、名指すことが困難になってはいますが、彼らもまた欲望の主体であることは間違いないのです。彼らがそのような意味での神経症者であり得ることは明らかです。彼らと語り合うことを通じて、私たちとの間に神経症的な共感が成り立ち得ることからも、それはわかります。

それではなぜ、彼らの欲望が希薄なものにみえてしまうのでしょうか。それは何よりも、ひきこもり事例における「行為の欠如」ゆえです。かつてスチューデント・アパシーについて笠原嘉氏は「負の行動化」として解釈しましたが（笠原嘉『アパシー・シンドローム』岩波現代文庫）、その卓見は十分に認めつつも、やはり行為の欠如と行為そのものとを同列に論ずることは困難ではないでしょうか。それは「攻撃性」と「受動攻撃性」（たとえば「相手の指示に従わない」という形で表現される攻撃性）とが異なる程度には異なっています。つまり「受動攻撃性」には、ある種の転移関係（愛情を含む、さまざまな感情に彩られた関係）が介在しますが、「攻撃性」一般について言えば、無論そうとは限りません。それらの相違について、私は次のように述べることはしません。すなわち「行為することと行為しないことは、想像的には異なるが、象徴的には同列に論じうる」とは考えないのです。「行為」と「行為の欠如」には、象徴的な次元、すなわち無意識的な次元において異なった欲望の現れであると考えるのです。以下、そのような前提のもとで、ひきこもりにおける行為の欠如について検討してみます。

病理的なひきこもり事例において、私の定義にもとづくならば、その病因としてもっとも考えられるのは「他者性の欠如」です。もちろん象徴的なレベルで考えるなら、家族も他者には違いないので、ここでいう「他者」とは、さしあたり「家族以外の他人」という想像的区分のもとでの他者イメージを指します。しかし、はたして「家族」と「家族以外の他人」が精神分析的に等置し得る存在なのでしょうか。もしこれらの他者が同列に扱い得る存在であるなら、なにゆえに長期間、家族のもとに隔離されることが、人をこれほどまでに病理に近づけるのか。

行為の阻害と論理的時間

ひきこもり状態においては、欲望は維持されますが、行為が阻害されています。つまり、彼らは無気力ではないが、さまざまな要因によって無為であることを強いられている。それと同時に、彼らの生活には比喩的な意味において時間が流れることがありません。ここで指摘する無為と無時間とは、明らかに並行関係にあります。それは、単に無為であるから時間が流れる感覚がなくなる、ということのみを意味しません。むしろ、時間が流れることがないために、無為にならざるを得ない、と言うほうが、精神分析的にはより正確かもしれません。

時間と行為については、フランスの精神分析家ジャック・ラカンが紹介する三人の囚人の話がよく知られています（『エクリ』弘文堂）。なぜ精神分析において時間が本質的な意味を持ち得るのか。これは、間主観性（他人が自分と同じような心を持つ存在であると前提した場合の、主観性のあり方）というものの成立が主体の有限性によって可能になっており、主体の有限性はまさに時間によって規定されているということが、きわめて論理的に示された寓話として重要です。以下にそれを簡単に紹介しましょう。

三人の囚人に五枚の円盤が与えられています。三枚は白で二枚は黒。囚人たちの背中に円盤が貼り付けられます。他の囚人の背中をみることはできるが、自分の背中をみることはできません。もちろん会話も禁止されています。ゲームの規則は、自分の背中の円盤の色を論理的に推論して言い当てることができた囚人だけが解放されるというものです。規則の説明がなされた後に、三人の囚人の背中には、三つとも白い円盤が貼られます。ゲームはあっけない結末を迎えます。三人の囚人はいっせいに走り出し、三人とも正しい解答を述べて解放されるのです。彼らはどのようにして、正しい答えを得たのでしょうか。

その思考過程は以下のようになります。
◎囚人Aは、他の二人の囚人B、Cの背中が白いのをみて考える。
◎もし自分（A）の背中が黒なら、囚人Bの目には黒と白の円盤がみえているだろう。
◎ならば囚人Bはこう考えるはずだ。
「もしも自分の背中も黒なら、囚人Cは駆け出しているはずだ」

「なぜならCの目には黒の円盤が二つ目に入っているのだから」

「しかしCは駆け出そうとはしない」

「ということは、私（B）の円盤は白なのだ。駆け出そう」と。
◎しかし誰も駆け出すものはいない。
◎ということは、私の最初の仮定は誤っていたのだ。
◎すなわち、私（A）の背中の円盤は白なのだ。

この判断には、明らかに時間的な要因が含まれています。囚人Aの論理構成は「自分以外の二人の囚人が駆け出さないところをみた」という瞬間と、そこから下される事後的な判断なしには成立しないためです。また、この判断を下すには、誰よりも早く駆け出す必要があります。誰かが駆け出す瞬間をみてしまうと、論理的な判断が不可能になってしまうからです。これを精神分析家は「せき立て」と言います。

「せき立て」において、主体は先取り的に行動し、事後的にみずからの判断の正しさを知ることになります。このとき主体は、三つの形式を経て変化します。すなわち、注視する瞬間の非人称的（＝立場が存在しない）主体、理解するための時間の相互的に不確定な（＝立場が定まらない）主体、結論を下すときの断言（＝立場の定まった）の主体です。「せき立て」は、このようにして「断言＝行為の主体」という立場を確立するうえで、たいへん重要なきっかけになるのです。それでは、なにゆえに断言と行為を等置できるのでしょうか。これはラカンが指摘するとおり、「あらゆる判断は、本質的に一つの行為である」ためなのです。

ラカンは言います。「確言の主語である〈わたし〉は、論理的時間の合い間によって、他人から、つまり相互性の関係から独立する」。つまり、心理学的な意味での「わたし」なるものは、嫉妬などを含む他人との競争を主観化していく過程から、論理的形式として導き出されるということです。ここであるいは、「ゲームに勝って解放されたい」という欲望があらかじめそれぞれの主体にあるではないか、という反論が出されるかもしれません。しかし、この寓話の本質的な意義を考えるなら、ここはむしろ逆に考えるべきでしょう。つまり、そこに他者があり、ゲームの規則があるからこそ「せき立て」が起こり、そこから「欲望」や「行為」が生ずるのではないか、という可能性です。

このすぐれた寓話は、ひきこもりを考える際に、きわめて重要ないくつかの示唆をもたらしてくれます。病理的なひきこもり事例において、欲望が存在するにもかかわらず行為が阻害されるのはなぜか。それはまず「せき立て」の欠如にもとづくでしょう。この言い方も、あるいは奇妙に聞こえるかもしれません。ひきこもりの青年たちは、自分たちが世間から後れをとってしまったことに対して、強い不安と焦燥感を抱えているではないか。それは「せき立て」とどう違うのか、という疑問もあり得るでしょう。しかし私の考えでは、焦燥感とせき立てはまったく異なります。多くの場合、焦燥感は有効な行動につながりにくい。むしろ焦燥感ゆえに、無為に過ごしてしまうことも珍しいことではありません。

この点が行動を促す力を秘めた「せき立て」ともっとも異なっている点です。それではなぜ、ひきこもり状態で「せき立て」が起こらないのでしょうか。

『社会的ひきこもり』でも指摘したように、ひきこもりの状況下では、しばしば退行（心理的な子ども返り）によって問題行動が生じます。その端的な例としては、家庭内暴力などがありますが、これは退行によってプレ・エディパル（エディプス・コンプレックス以前、具体的には三歳時以前の乳幼児期に該当する時期）な心理状態、たとえば精神分析家のM・クラインが「妄想－分裂態勢」と呼んだような状態が一過性に生じ、そこから攻撃性が賦活されて起こると考えられます。これは、外の世界を敵と味方の二元論で分裂させ、敵とみなした対象に対して被害的になったり、激しい攻撃性を向けたりするような、きわめて幼児的な心理状態を指しています。ちなみに、これは必ずしも病的な状態ではありません。むしろどんな人でも、ある関係性においてはそういう心理状態を経験することがあると言われます。親子喧嘩や夫婦喧嘩の経験がある人なら、かなりこうした心理については共感的に理解できると思います。

このような態勢にあっては、ラカンのいわゆる「想像界」の論理、つまり主体と対象という二者関係の中で、どちらが主人でどちらが奴隷になるかというはげしい権力闘争が起こりやすくなります。これは言い換えるなら、どちらが相手を所有するかという、果てしない争いの場でもあります。それは母子関係をひな形とするような、きわめて閉鎖的な二者関係の世界です。その世界には、たしかに「他者」は存在しません。なぜなら、戦っている相手は、実は自分自身の分身のような存在、つまり鏡像的他者だからです。ひきこもり事例にとっての家族とは、ほぼ例外なく、このような鏡像的他者にすりかわってしまっています。それゆえ多くのひきこもり事例は、本来的な意味での「象徴的他者」が存在しない世界に住まわされていると言い得るのです。

象徴的な「他者」をまなざす機会が奪われている、ということは、鏡に映る自分の背中に魅せられ続けることを意味しています。そこには比喩的な意味で「主体化」の契機が存在しません。まさにここで示した寓話のとおり、最低三人以上の人間関係があって、はじめて他者の他者性が保証されるのです。このとき他者および他者の欲望を注視することが、主体に「せき立て」にもとづく判断=行為を強いることになるでしょう。病理性の高いひきこもり事例における「他者の欠如」は、こうした「せき立て」を排除し、論理的時間の流れを停止させ、主体化と主体的な判断=主体的な行為を阻害してしまうと言えるでしょう。言い換えるなら、病理性の少ないひきこもり事例にあっては、なんらかの方法でこうした他者性が維持されているものと考えられます。この場合の他者とは、必ずしも「他人」である必要はありません。それはときには「自分自身にひそむ他者性」ということもあり得ます。また、さらに言えば、人間である必要すらありません。みずからが熱中する対象や、みずからが創造する作品などにおける「他者性」もまた、主体をせき立てる機能を持つと言い得るでしょう。

もちろんこうした解釈は、あくまでも比喩的な言い回しであるという前提を常に確認しておかなければなりません。繰り返しになりますが、ひきこもり事例は「神経症者」であるという点において、われわれと構造的には等しい存在なのです。そこには本質的な差異はなく、せいぜい葛藤や不安の量的な差異があるだけです。ただし、彼らにおける「行為すること」の困難性、あるいは時間意識の希薄さを考えるとき、もっとも単純かつ有効な解釈をもたらすものが、この寓話であるということは重視しておきたいと思います。

有効性という点で言うなら、ここで引用したラカンの寓話は、そのまま治療論として理解することも可能でしょう。ひきこもり事例に行為を取り戻す方法として、私はさしあたり、親密な仲間関係を考えています。親しい友人や恋人関係が成立すると、特別な指導や指示はせずとも、多くの事例がアルバイトや通学を開始するようになります。これは自然な帰結のようにみえて、考えてみれば不思議な現象です。彼らはなぜ、このような形で動機づけられるのでしょうか。それに対する一つの答えが、この寓話に示されています。つまり、仲間関係によるせき立ての効果が、本人に行為を取り戻させるということです。ここにおいて私の経験論的な結論は、この寓話を仲介として、超越論的（理論的、抽象的な）な正当性をも確保することが可能になります。

こうした「他者」をめぐる経験から、もういちど「世間」について考えるなら、「世間」もまた二者関係の構図のもとで行為を阻害する、鏡像的他者ということになります。だからこそ、私たちには「ひきこもり」という事実の正確な認識が必要になるのです。「世間」に投影された、さまざまな価値判断に歪められた鏡像ではなく、端的な事実としての「ひきこもり」が存在すると認めること。このような象徴的な認識なくして、「世間」からの自由はあり得ないでしょう。それゆえこうした理解は当事者間のみならず、世間に向けても啓蒙的に促される必要があるのです。

次いで大切なことは、先にカントの引用から述べたように、親―子―治療者の三者が相互に、相手を手段と同時に目的として扱うことです。つまり、互いに互いを利用しつつ、互いのために行動することが重要となります。もちろん私自身の職業的倫理もまた、これに準ずることになるでしょう。ひきこもり問題は、言うまでもなく私の手段です。私の生活、私の専門性は彼らの存在に負うところがきわめて大きい。だからこそ、私は彼らを目的としなければなりません。ここには単純な「契約」や「公正さ」の問題のみならず、現在の事例を手段としつつ、未来の事例を目的とすることも含まれることになるでしょう。

治療における望ましい態度としての倫理を越えて、直接に治療的効果をもたらすような倫理を問うこと。ひきこもり問題を考え、これに対応することは、こうした「技法としての倫理」を確立するための第一歩にもなり得るのです。

Ⅳ

「甘え」文化と「ひきこもり」——比較文化論的考察

文化的要因

本章では、ひきこもり問題を比較文化論的な視点から検討してみたいと思います。またしても専門外の領域に手を出そうという無謀な試みですが、もともと精神医学にはクレッチマーやフロイトの時代から、こうした視点はありました。この世界には多種多様な文化があり、精神疾患にもそうした文化的特性は反映されるということ。「文化結合症候群」といった疾患カテゴリーもあり、とくにそうした疾患のみを研究する精神科医も少なくありません。ひきこもりは一義的には疾患や病気ではないにしても、そうした行動がどれだけ日本に特有のものであるかを検討しておく価値はあると思います。

言うまでもなく、ひきこもり問題に関しても、社会文化的要因が大きく関与しています。いわゆる「パラサイト・シングル」問題とも関連するのですが、独身の成人男女が、長期間両親と同居を続けるような核家族形態がこれほど広範囲にみられる国はほかにみあたりません。西欧的自立主義ともアジア的血縁主義とも無縁な家族のありようが、ひきこもり問題の背景にあることは、ほぼ確実のように思われます。核家族が、ひきこもる青年を抱え込みながら孤立しはじめた時点で、ひきこもり状態の長期化・慢性化はほぼ決定的なものになるでしょう。もちろん要因はほかにもありますが、本章ではあえて、社会文化的背景に焦点を絞ってみたいと思います。関連する問題としては、孤立した核家族内にしばしばみられる父親の疎外と母子の密着とが、家庭内暴力の温床になっていることも指摘しておきます。この言葉はわが国においてのみ、子が親に対して振るう暴力という意味で使われているからです。

「ひきこもり」と日本文化

私は、ひきこもりに関する最初の著書『社会的ひきこもり』を書くにあたり、海外のひきこもり事情を予備的に調査するべく、各国の精神科医に電子メールによるアンケートを試みました。その結果、アジアよりもむしろ欧米圏のほうで、こうした事例が問題になっているという感触は得たものの、日本のような深刻な事態には程遠いという印象でした。もちろん、欧米圏にもひきこもりが存在しないわけではありませんが、規模としてはとうてい比較にならないようなのです。もちろんわずか十数通ばかりのメールのやりとりだけでは、とてもまともな調査研究とは呼べないのですが。

以前、英国の新聞『インディペンデント』の取材を受けたのですが、彼らは記事中で「ひきこもり」を“withdrawal”とせず、ただ“hikikomori”とそのままローマ字表記していました。つまり英国にはこれに該当する状態像が多くはなく、それゆえ英語表現にも適切なものがないという判断が下されたわけです。その後『タイム』、『ニューズウィーク』、『ガーディアン』、BBCなどが、ひきこもりの記事を掲載したり、特集番組を作成したりしています。私もそのいくつかに協力したのですが、記者たちは一様に、こうしたライフスタイルが自国にはみられないと証言してくれました。彼らには、ひきこもり当事者たちが、なにゆえみずから好きこのんで自身を牢獄に閉じ込めるような生活を送っているのか、どうしても理解できないようでした。"hikikomori"という表記は、そうした彼らの違和感を端的に象徴するものではないでしょうか。

いっぽう、アジアの国々の多くでは、やはり「ひきこもり」は少ない。ただし、こちらは事情が異なるでしょう。就労せずにひきこもることは、そのまま生存の危機に関わりかねないため、やはり問題とはなりにくいようです。

もしひきこもりが日本固有の問題であるとしたら、そこにはもちろん、日本の社会文化的な特異性が反映されているはずです。むしろ彼らの実在こそが、日本特殊論を圧縮して体現しているとは考えられないでしょうか。とはいえ私も、こうした議論が陥りがちなナルシシズムの構造については十分に警戒してきたつもりです。しかしひきこもり問題を社会病理的な視点から語ろうとするとき、どうしても従来の日本人論に依拠せざるを得なくなる部分があることも事実です。彼らの存在は、あたかも「生ける日本人論」のようでもあります。はたしてこの「印象」は、どの程度正当なものなのでしょうか。ここでは理解を容易にするために、さしあたり日本特殊論という文脈において検証を試みておきましょう。

これに関連して、精神科医の中井久夫氏がある論文で日本の「一家心中」について述べていることが参考になります（「「昭和」を送る」『文化会議』平成元年五月号、通巻二三九号）。一家心中は日本に多くみられるとされていますが、これを西欧人の側からみれば個人の自我が未熟であるために起こるとみなされます。いっぽう多くのアジア人にとっては、そこまで追い込まれた家族をなぜ親戚が助けないのか、という話になるでしょう。もっとも稲村博氏の『自殺学』（東京大学出版会）によれば、一家心中は必ずしも日本に特殊なものではありません。たとえばイギリスやデンマークにもこうした形態の自殺は多く報告されています。それゆえ、この議論の前提は必ずしも正しくはない。しかしそこから導かれた結論には、依然、一定の説得力があるのではないでしょうか。とりわけ東西のいずれにも定位し得ない日本的家族の特異性に関しては、なかなかに有意義な視点ではないかと思われます。

おそらく「自立」と「家族」ということを軸にして考えれば、ひきこもりの特異性はかなりみえてくるのではないでしょうか。まずは「自立」について考えてみましょう。

多くの精神療法家は「自立」という言葉を嫌います。それは「成熟」という言葉の禁欲と同じ理由によるのかもしれません。それはほとんど感情的反発というべきものであり、ここには治療者自身の思春期的葛藤が反映されている可能性もあります。ともあれ「自立」はもはや、それだけでは治療の目標とはなり得ません。精神分析家の神田橋條治氏は、自立について次のように述べています。「自立のもっともつたない形が家出、もっとも望ましい形が親孝行」と。意表をつかれるような指摘ではありますが、思春期の臨床家にとってはまさに至言です。ここを起点として、自立モデルの相違について考えてみます。

自立モデルの相違

おそらく西欧における「自立」のモデルは「家出」ではないでしょうか。イタリアやフランスでは例外も多少はありそうですが、北米をひとつの典型とする、自立を至上の価値とする文化圏では、子どもは成人年齢に達したら親元から離れ、「自立した個人」として生活することを事実上強いられます。これが社会一般において自明の前提となるのです。先の『インディペンデント』紙の記者に聞いた話ですが、彼が三〇歳代の英国人女性を取材した際に、たまたま彼女が両親と同居していることが話題に上りました。するとその女性は、取材の本題とはまったく関係がないのに「なぜ自分が親と同居しなければならないか」という言い訳をえんえんと始めたといいます。英国は欧米の中では例外的に「いじめ」や「不登校」が問題になりやすく、思春期問題については日本と共通するところが多い国です。そんな国においてすら、成人が親と同居していることは、かくも恥ずべきことなのです。他の欧米諸国については、推して知るべしでしょう。

ここで、私がひきこもりに関連して感じている、この国の社会・文化状況について別の視点から述べておきます。私はひきこもり事例の増加には、問題としての側面のほかに、もう一つの側面があると考えています。つまり、日本の若者たちの不適応行動の一つがひきこもりであることが、青少年の犯罪率を何%か低下させているということです。ここには逸脱行動の文化的特性がかいま見えるのではないでしょうか。

個人の自立に最大の価値を置く欧米型の社会は、個人の多様性を自明の前提としているがゆえに、制度や思想、行動の一貫性を維持しやすくなります。しかし反面、こうした社会において、人は孤独のまま深く病むことも可能になります。そこでは逸脱行動は、一般的に「父への反抗」という形を取りがちです。それゆえ逸脱行動もまた、一貫性と徹底性のもとで遂行される。最近の典型例が連続爆弾魔「ユナボマー」こと、セオドア・カジンスキーですね〔カリフォルニア大学の数学助教授まで務めた秀才ながら、モンタナ州の山中に二〇年あまり隠遁し、精巧な爆弾を繰り返し大学などに送りつけて、死者三名、負傷者二九名を出した。犯行停止を条件に新聞各紙に声明文を掲載させ、これがきっかけで逮捕された〕。カジンスキーは、現象面ではひきこもっていましたが、日本の事例とはまったく異質です。彼の場合は、経済的な点も含めて、自立的かつ意図的なひきこもり状況にあった。その状況こそが彼に、連続爆破という犯罪行為の完遂を可能にしたわけです。

日本でももちろん、個人の自立は表向きは尊重されている。しかしそこには、さまざまな矛盾や摩擦を回避するための装置として「本音と建て前」的な二重構造が、いたるところに張りめぐらされています。こういう社会は、一貫性に欠けているという点では病理的な社会とも言えますが、いっぽうその中で個人は、ある限界を超えて狂うことができなくなります。個人的な分裂を社会が共有することで、多様性よりは均質性のもとで個人がイメージされやすくなる。個人が徹底して孤独であることは困難になり、そのことがむしろ「孤立すること」に対して過敏な感受性を形成していきます。それゆえに青少年の逸脱行動は、母なる社会への反抗であると同時に、依存的性格を帯びる傾向があります。すべて許し、包み込んでくれる母親を求めつつ、その母親の注目を集めるべくなされる行為。青年の犯罪は、それゆえに徹底性と一貫性を欠いた、強いていえば倒錯的なものになりやすいのではないか。このことは、ひきこもり問題にも一脈通ずるものがあるでしょう。

アジアの血縁主義

それでは、アジアはどうでしょうか。後述する韓国のように、いくつかの例外はあるものの、おそらくアジア諸国においては、個人の自立という概念そのものがいっそう不鮮明であると思われます。それは「自立」以前に個人の「生存」が問題となる国のほうが多いということもあるでしょう。また、一部の富裕な階層においては、欧米型の自立モデルがそのままの形で採用されている可能性もあります。しかしここでも、血縁の縛りを乗り越えるほどの位置を、「個人の自立」が占めているとは考えにくいのです。

　また、対アジアという視点から考える場合には、経済的な要因を無視することができません。ひきこもりについて、各国の精神科医に電子メールで問い合わせた際、タイの精神科医は、「彼らは、どのようにして生活の糧を得ているのか?」と問い返してきました。これは素朴なようでいて、むしろ当然の疑問でもあるでしょう。成人して以降も就労・自活しない子どもを養い得るだけの経済的基盤もまた、ひきこもり増加のための必要条件ではあるのです。

「甘え」文化と身内意識

　欧米との対比で言うなら、日本人の自立概念はおそらく「親孝行」モデルと言えます。これはもちろん中国から輸入され、明治以降に大幅な修正をうけた儒教文化の影響によるものでしょう。そして、ここに日本独自の要素として、土居健郎氏の指摘する「甘え」の文化が関与してきます。日本人にとって望ましい親子関係は、互いに甘え、甘やかす関係としてイメージされるのです。他人との関係もその延長線上にあります。他人―身内の対比は「甘えてよい関係か否か」という点で一線が引かれているのかもしれません。

　おそらくはこうした「甘え」関係を重視するために、日本の家族では母子関係の軸がきわめて強く、父子の対立が主題となる局面はさほど多くないのです。それゆえ家族病理も、母子関係を中心に生じやすくなります。たとえば、近親相姦が欧米では父と娘の間で起こりやすいのに対し、日本では母と息子という組み合わせが圧倒的に多いことはよく知られています。家庭内暴力についても、欧米では父が妻や子どもに暴力を振るうパターンが一般的ですが、日本では息子が母親に対して振るうものがほとんどを占めています。

もちろん病理的な側面ばかりではありません。ある女性作家が対談を終えた後の雑談でしみじみ慨嘆して言うには、「どうして日本のブンカジンは、こうマザコンばかりなんだろうね」とのこと。いささか誇張も含まれているとはいえ、我が身を含めて思い当たることがないではない。これは日本における（男性の）社会的成功のイメージが「母親に誉めてもらう」ことによって支えられている、ということを含意しています。言うまでもありませんが、この「母親」の位置には、しばしば「妻」や「娘」などが代入されます。つまり象徴的な母親ということで、いずれであっても構造的には同じことなのです。私はこれを半ば冗談に「野口英世コンプレックス」と呼んでいるのですが、実際、その例には事欠きません。「この成功をまず誰に知らせますか」とインタビュアーが問うとき、期待されている答えは言うまでもなく「母親」です。ここに日本人にとっての自立ないしは成功のモデルがあり、それがどうしようもなく（母）親孝行的なものであったとしても、仕方のないことなのでしょう。実はここでもう一つの問題、すなわち「母子密着」についてもふれておくべきなのですが、これはより関連性の深い「去勢否認」のくだりで説明したいと思います。

このように日本人にとっての望ましい自立モデルが「親孝行」であるなら、それはまた「甘え上手」になることをも意味するでしょう。成熟した対象関係のあり方として「甘え」が選択されるということ。このとき「成熟」とは、きわめて高度な技術的洗練の過程となるでしょう。甘えの対象選択に際しては、相手との距離感を素早く正確に判定しなければなりません。また「甘えること」は多くの場合「甘やかすこと」と対になっており、相手の依存を引き受けるだけの成熟度も必要とされます。ひるがえって、わが国の思春期におけるさまざまな病理行動は「甘え下手」に起因していることが多い。「ひきこもり」がまさにそうです。彼らの多くは、みずからの「甘え」を許せないほど硬直したプライドの隘路に陥っているのです。この結果として、親との関係も極端化します。両親を敵とみなして自分の部屋にたてこもり、あるいは家族をあたかも奴隷のように使役する。両親も子との関係のあり方として「甘やかす」―「叱る」といったモデルしか持ち得ていないため、両者の関係はますます膠着状態に陥ってしまうのです。

わが国における「甘え」にもとづく対象関係は「他人―身内」という区分につながります。他人とはすなわち世間のことであり、世間の視線と身内意識の二重の規範が個人の行動を律することになります。これがすなわち、やはり土居氏の指摘する「オモテ」と「ウラ」のダブルスタンダードにほかなりません。いっぽう「身内」の範囲を決定するのは、必ずしも血縁のみではありません。中根千枝氏が指摘したように（『タテ社会の人間関係』講談社現代新書）、日本人は、個人が社会的同一性を獲得する際、その所属する「場」に依存します。すなわち自分の属する職場、学校などを「ウチの」と呼び、契約関係を結んでいる組織と言うよりは、身内意識がおよぶ「場」という枠組みによって、「ウチ」と「ソト」が決まるのです。この枠組みは、たとえば会社の部下や同僚が「身内」扱いになったり、親戚であっても時には「他人」同様にみなされたりするなど、かなり恣意的・流動的なものです。それゆえ、個人がひとたび甘え関係に挫折すると、「身内」の範囲は一気に核家族単位にまで収縮してしまいます。世間との対立が家族を孤立させ、親戚すらも当てにできないと思いこませてしまうのです。

おそらく「身内」という特殊な関係性は、「孝」概念の変質によってもたらされたのではないでしょうか。先にもふれたとおり、儒教文化は明治期以降に大幅な修正を受けたとされます。とりわけ「孝」と「忠」については、その位相がほとんど逆転されました。韓国の例からもわかるとおり、「孝」はほんらい「忠」に優先するものであり、その優先性を支えるのが血縁の絶対性（＝先天性）です。しかし明治期以降の日本では、本来別物であるはずの「孝」と「忠」とがしばしば混同されるようになりました。その典型が、たとえば天皇に対する意識です。天皇はあたかも国民にとっての家長として表象され、そこにはもはや「忠」と「孝」の明瞭な区分は存在しなくなります。その結果、血縁性にもとづく「孝」の優位は後退し、これとともに関係性を規定する固定的・絶対的な準拠枠は限りなく希薄化することになったのです。「身内」意識の流動性は、おそらくここに一つの起源があるとみなすことができます。

甘え文化と、これに伴う流動的な「身内」意識が日本人の社会性を規定する。この文脈においては、たとえば不適応のあり方も西欧とは異なったものになるでしょう。エディプス・コンプレックスにおいて典型的であるように、西欧社会において社会性とは父性とほぼ同義です。それゆえ不適応はしばしば、内在的父性と外在的父性との軋轢として生ずると考えられます。ここにおいて不適応は、半ば必然的に個人対社会の様相を呈し、それはしばしば反‐社会的行動、すなわち犯罪に結びつかざるを得なくなるのです。

いっぽう日本社会における不適応とは、まず「甘えの失敗」として生じます。そこには個人対社会ならぬ、個人対家族（＝身内）という構図しか存在しません。甘えの失敗は甘えの断念ではなく、むしろ甘えへの嗜癖的な没頭をもたらすでしょう。それゆえ不適応において、個人は家族に甘えようとしては失敗することを繰り返すようになるのです。これがすなわち「ひきこもり」です。「ひきこもり」が起こったとき、しばしば核家族単位で（つまり親戚にも秘して）個人を抱え込み、結果として家族までひきこもり状態に陥ってしまうことも、こうした文化特性にもとづいて解釈することができます。ここでは家族も他の身内に甘えることに失敗しており、ひきこもる個人に対して甘えようとしては、さらに失敗を繰り返すのです。無効と知りつつ本人を叱咤激励したり、勝手に立ち直ることをあてにしたりする態度は、本人に対する甘えではなくて何でしょうか。

韓国におけるひきこもり事情

さて、ここまでは、従来の日本人論という文脈をあえて援用しながら、とりわけ欧米圏との相違点を明らかにすべく、議論を展開してきました。しかし、ひとたび対アジアという視点に立つと、日本特殊論はいたるところで限界にゆきあたります。とりわけ韓国は、政治体制や国民性の違いにもかかわらず、さまざまな点で日本と共通する点が多い。儒教文化や受験戦争の厳しさ、いじめ・不登校などの問題、漫画やアニメなどのサブカルチャー、そして「ひきこもり」。そう、「ひきこもり」も近年、韓国で急増しつつあるというのです。

もしそれが事実であるなら、日韓の比較検討によって、日本人論という枠組みを越えた本質的議論が可能になるかもしれません。私はかねがね、「類似物の対比」こそが本質へ至る近道であると考えています。その意味からも、韓国のひきこもり事情を検証することは、ひきこもりをめぐる論議をいっそう豊かにしてくれるはずです。

そこで、まずは事実関係を確認すべく、二〇〇三年六月末、私はソウルに赴き、サムソン社会精神健康研究所の李時炯（イ・シヒョン）博士にインタビュー取材を行いました。

李博士は韓国における唯一のひきこもり専門家であり、昨年横浜で開催された世界精神医学会では、韓国のひきこもり事情を発表して注目されました。現在は臨床医として患者の治療にあたるかたわら、マスコミを通じて、ひきこもりに関する啓蒙活動を展開しています。もともとは思春期・青年期の専門医であり、東アジア地域における対人恐怖症の合同研究プロジェクトのメンバーでもあります。

李博士によれば、韓国でひきこもりが問題とされるようになったのは、比較的最近のことだそうです。ただし、政府の対応はかなり早く、二〇〇一年からの二年間は、政府主催のキャンプが開催され、それぞれ五〇〇人ずつ合計一〇〇〇人あまりが参加したといいます。キャンプは参加メンバー六人一組の班ごとにカウンセラーが一人つくという充実した内容だったとのことです。しかし今年はこの事業がうち切られたため、李博士がみずから主催しなければならなくなりました。社会的問題が起こったら、とりあえず対策事業をぶちあげてアリバイ作りをし、あとは民間に丸投げというやり方は、どうやら日韓共通のようです。日本と違うところは、たとえば李博士ならサムソンという大企業が事業をバックアップしてくれるという点でしょう。私の活動もソニーとか任天堂あたりが支援してくれないものでしょうか。いずれの企業も、ゲームを通じてひきこもり青年は大切なお得意さまのはずです。

閑話休題、ひきこもりの背景に関しても、日韓で共通点が多くみられます。たとえば韓国でも日本と同様、不登校児が多い。また、不登校のきっかけとなりやすい「いじめ」は韓国にも多いのですが、この点については、どうやら韓国は日本の先を行っているようです。いじめの被害者が転校して、いじめから逃れようとしても、元の学校から転校先へインターネットのメッセンジャーやBBS（電子掲示板）などを介して問い合わせ、転校先にまでいじめが申し送られるのだというのです。日本でここまでの話は、さすがに私も聞いたことがありません。

前章で述べた「世間」という発想は、韓国にもある程度共通するようです。言葉としては「世上」と表現するようですが、日本人にとっての世間体に該当する感覚が、韓国にもあるということは驚きでした。やはり私たちは、自分たちが特殊であると思い込みすぎていたのかもしれません。

また、わが国ではパラサイト・シングルと呼ばれる現象が、韓国でも問題となっているそうです。ただし韓国では「カンガルー」と呼ばれるらしい。こちらは子どもを袋にいれたままの親カンガルーのイメージですね。カンガルーの数は三〇〇万～四〇〇万人とのことですから、人口比で考えるなら、一〇〇〇万人といわれる日本にほぼ等しいことになります。家庭内暴力も日本型のもの、すなわち「子どもが親に対して振るう暴力」が急増中ですが、日本ほどは深刻化していません。これには理由があって、韓国では、両親と複数の精神科医の同意があれば、精神科への強制入院が可能になります。つまり「暴れるなら強制入院させるぞ」という脅しが、いまでも有効なのです。日本では、本人が治療を要する精神疾患でない限りは、家庭内暴力だけを理由に強制入院はさせられません。

これはひきこもり家庭に限ったことではありませんが、わが国では母親が過保護・過干渉、父親が家庭に無関心という組み合わせが一つの典型となっています。このあたりの事情について李博士に尋ねてみると、韓国ではさらにすさまじいようです。最近の韓国は異常とも言える英語ブームで、親が別居してまでも子どもをアメリカやカナダに早期留学させる家庭が増えているらしいのです。これがすでに社会現象である証拠に、家に一人残された父親の呼称として「雁パパ」なる言葉が流行しています。海外にいる母親と子どもの生活費と教育費を仕送りすべく、韓国に残された父親を、配偶者を失った独り雁になぞらえているわけです（正確には「雁」ではなく、海鳥の一種だそうです）。李博士によれば、こうした父親はアルコール依存症になったり、自殺に至る確率がきわめて高いそうです。このため一種の自助グループとして「雁パパの会」なるものまであるといいます。いずれにせよ、父親不在のまま母子の密着が進む傾向については日本に共通するものがあるように思います。

儒教文化と家族観

これまで韓国ではひきこもりが少ないという見方が一般的でしたが、その最大の理由としてしばしば言われていたのは「徴兵制」でした。青年が二年間兵役を義務づけられることは、不登校が長期化してひきこもりに至る連続性を断ち切ることにつながり、このため青年はひきこもりにくいのではないか。そのような推定がなされていたわけです。しかし李博士によれば、兵役後にひきこもるケースが増加しているとのことで、結局「徴兵制」はひきこもり抑止策としてはさほど有効なものではなかったということです。三年ほど前に、わが国でも青年の奉仕活動義務化が真剣に議論されたことがありましたが、そうした政策が青年の不適応を予防する上でなんら役に立ちそうにないことは、すでに韓国において立証済みということになります。

兵役をはじめとする社会文化的な違いは少なからずありますが、青年の不適応問題においてこれほど類似点が多いということは、今後はむしろ日韓に共通する文化特性という視点からの議論が必要になってくるでしょう。

私が今回の取材で検証しようと考えていた最大の課題は、さきほどもちょっとふれた「儒教文化圏」の問題です。世俗化された儒教のイメージは、韓国はもとより、わが国においてもけっして過去の遺物ではありません。繰り返しますが、この文化圏における「自立」とは、必ずしも個人が家から出ていくことを意味していない。むしろ家に留まり、老いた両親の面倒をみながら生きていく「孝」の姿こそ、成熟の望ましいあり方なのです。これは中国の言葉ですが、「四世同堂」は四世代が同居するという理想的家族のあり方だし、「養児防老」は老後のために子どもを育てるという、これまた一種の理想像を示す言葉です。ここから儒教文化が一種の「同居文化」であり、その逸脱形態がパラサイト・シングルでありひきこもりなのではないか、という推測が可能になってくるでしょう。

儒教文化との関連で言えば、ほかに「科挙」を考慮すべきかもしれません。言うまでもなく科挙とは、四書五経をはじめとする、儒教の知識を問う官吏任用制度です。この苛酷なペーパーテストに通れば、誰もが特権階級たる官僚になれる。かくして、一族の名を挙げるべく、青年が長期間労働に関わることなく勉学に励むことに寛容な文化が育まれるわけです。これはそのまま現代の青少年が、長期間の受験浪人生活からひきこもりに至る状況に通ずるのではないでしょうか。以上のような私の指摘について、李博士も同意してくれました。ちなみに後者については、韓国ではここでもIT化の影響が及んでいるようです。息子が一人で部屋にこもっていても、両親は就職に備えてコンピュータの勉強をしているのだと考えて放置し、結果的に三十代半ばになって深刻なひきこもり状態に至るのだといいます。

以上のことから導かれるのは、儒教文化と近代化との間に生ずるなんらかの齟齬が、ときにひきこもりをもたらすのではないか、という推測です。たとえば儒教的な同居文化を基調としつつも、一方では近代的な核家族化が進むこと。世代間のわずらわしい葛藤を回避しつつ、親子の依存関係は維持したいという場合、核家族はほぼ必然的に孤立し、密室化していきます。ここには分離と依存という矛盾した方向を持つベクトルが、ある種のダブルバインディングな状況をもたらしているとみるべきかもしれません。「個人の自立」という発想を前提とせず、夫婦ではなく親子関係を主軸として起こる核家族化は、ときに閉鎖した依存関係のカプセルを形成し、そこに個人を閉じ込めてしまうのではないでしょうか。儒教的伝統の上に接ぎ木的になされる近代化という点では、まさに韓国と日本は同じ葛藤を抱えつつあるのかもしれません。そしてあるいは、台湾、中国の富裕な一部地域においても。

日本の絶望、韓国の希望

みてきたように、韓国と日本の青年たちが抱える問題には、多くの共通点が認められます。しかし、異なる点についても十分に検討しておく必要があるでしょう。たとえば、韓国の不登校児は、日本の子どもたち以上にしっかりと自己主張するのだそうです。「行きたくないところになぜ行かなくてはいけないのか」と、明快に登校を拒否しているわけです。日本の不登校児にもそのように主張する子どもはもちろんいますが、臨床場面で出会うのは、むしろ「行きたいのに行けない」「なぜ行けないのかわからない」という事例が多い印象があります。あるいはまた、日本ではすでに二〇〇万人に及ぶと言われる「フリーター」も、韓国ではきわめて少ないようです。

しかし何といっても、今回の取材で最大の謎は、韓国の若者がいまなお、それなりに将来に希望を持ち得ているという点です。いっぽう、現代日本の若者のかなりの部分は、「日本の将来は暗い」「努力しても報われるとは限らない」といった悲観的見通しを持っているようです。とりわけ最近の風潮で気になるのは、みずからの成長や変化の可能性を信じられない若者の増加です。この相違点が事実なら、残念ながら韓国の若者のほうがはるかに「健全」と言えそうです。類似した社会文化的背景、また一九九〇年代に経済的な苦境を体験している点など、共通点は多いはずなのに、この差はどこから来るのでしょうか。

ここで挙げた差異が事実かどうかは、まだ実証的データがあるわけではありません。しかし、かりにそうした差があり得るとして、それをもたらす社会文化的な差異とは何なのでしょうか。日韓の文化的較差となると、すでに私の専門を大幅に逸脱してしまいますが、いつものように「蛮勇」をふるって、大胆に推論してみます。

まず第一に、儒教文化の受容における違いがあります。たとえば韓国においては、日本以上に「親孝行」が重視されています。ただしその対象においては著しい隔たりがある。韓国における「親孝行」のイメージは、日本のように母子関係の結びつきを基軸にしたものではなく、父親からその先祖へと連なる血縁のリアリティによって支えられています。

それゆえ「孝行」が「甘え」関係としてイメージされにくい。子が親に尽くすのは人として当然のことであり、そこには「甘え」のような相互性はほとんど存在しないからです。子どもが罪をおかしたとき、日本人は「世間様に顔向けができない」と叱るでしょう。しかし韓国人の場合は「ご先祖様（お父様）に申し訳ない」と叱るのだといいます。これが事実であるなら、ここにもやはり「甘え」文化の特殊性がみてとれるでしょう。

私はここで、韓国にいまだ根強く残る、血縁主義としての「孝」の文化を想定しています。これは日本的な「甘え」文化とは、いささか異質のものです。この問題についてある在日韓国人に話を聞いた際、彼は「功名心」という言葉を口にしました。日本ではひさしく忘れられているこの言葉には、彼らの血縁主義が色濃く反映されているように思われます。両親を越えて先祖へと連なる「孝」の思想が、いまなお若者たちを動機づけているということ。個人のアイデンティティを支える重要な要素としての血縁関係と、一族の名を揚げるために刻苦勉励を重ねるという「功名心」にリアリティがあるということ。この点の相違はかなり決定的なものではないでしょうか。

さらに憶測をたくましくします。ひょっとすると韓国の若者には、なんらかの「途上感」があるのではないか。たとえば、凋落の兆しはあるとはいえ、やはり日本の経済的成功は、いまだに韓国社会の一つの目標ではないか。あるいは北と南に分断された国家という状況も、未来に統一の希望を描くことができるという点では、こうした途上感に寄与していると考えられます。いっぽう「ジャパン・アズ・ナンバーワン」の時代を一つのピークとして、私たちには凋落感こそリアルですが、もはや途上感はありません。日本の若者に希望が語れないとすれば、それはこうした「途上感」が喪失されていることにも起因するのではないでしょうか。

「去勢否認」の問題

いささか話が広がりすぎました。本章の最後には、やや精神分析的な文脈において、この問題を検証してみたいと思います。個人のひきこもり状況が長期化する要因として、やはり「甘え」文化の影響があるのでしょうか。もちろん影響はある。ただし、ここでのキーワードは「去勢否認」です。

先にも述べたとおり、「ひきこもり」は圧倒的に男性に多い。これが心因性の問題であるとすれば、ここには明らかにジェンダーの問題が関与しているはずです。この性差を手がかりにしてまず考えられることは、「個人がいかにして去勢され得るか」という問題です。

去勢とは周知のごとくペニスを取り除くことを意味しますが、精神分析における「去勢」は、一つの鍵概念として扱われます。というのも、「去勢」は男女を問わず、すべての人間の成長に関わることであるからです。「ペニス」は精神分析において「万能であること」の象徴とされています。子どもは成長とともに、父親をはじめとする他者との関わりを通じて、「自分が万能ではないこと」を受け入れなければなりません。この万能性の断念が「去勢」と呼ばれています。ですから去勢とは、簡単に言えば「あきらめを知る」ということになるでしょう。幼児的万能感は去勢を経ることによって、より現実的・社会的な欲望へと変換されなければなりません。これもまた「成熟」の一つの側面です。

人間は去勢されることによって、はじめて他者と関わる必要性を理解するようになります。逆に、人間は去勢されなければ、社会システムに参加することすらできません。これは社会的、文化的要因によって左右されない、すべての人間社会に普遍的な掟ということになります。成熟は断念と喪失の積み重ね、すなわち去勢によって可能となりますが、ここで忘れてならないのは、去勢がまさに他者から強制されなければならないということです。言い換えるなら、みずから望んで去勢されることは不可能なのです。

このとき「母親―息子」ユニットを主軸とする甘え文化は、去勢に対してしばしば阻害的に作用します。母親は息子の万能感をできるだけ傷つけまいと心をくだき、さらに教育システムがそれに加担するためです。どういうことでしょうか。

学校社会の二面性に注目してみましょう。そこには「平等」「多数決」「個性」が重視される「均質化」の局面と、「内申書」と「偏差値」が重視される「差異化」の局面があります。子どもたちは、まず集団として均質化され、次いで均質性を前提とした差異化が施される。均質であることを前提とした差異化は、嫉妬やいじめの温床となることはいうまでもありません。さらにまた教育システム全体が「自己決定を遅らせるためのモラトリアム装置」として作動しています。

子どもたちは学校において「誰もが無限の可能性を秘めている」という幻想を強要されます。すでに去勢されつつある子どもたちに対して、このような幻想があたかも「誘惑」として強いられること。それはまさしく去勢否認の強制にほかなりません。さらに問題なのは、こうした「去勢否認の強制」が、きわめてシステマティックになされることです。このシステムが厄介なのは、システムに従順であっても、システムに真っ向から反対しても、同じ結果につながってしまうことです。つまり、いずれの態度を貫いても社会的成熟は阻害されてしまうのです。

たとえば「私に甘えなさい」と誘惑する母親は、まさにその自覚なしに「去勢否認」を強制していることになるでしょう。その強制を受け入れて甘えたとしても、強制に逆らって母親を拒んだとしても、いずれの態度もつまるところ、母親への依存を前提とせざるを得ません。つまり「去勢否認」の誘惑は、それを受け入れても拒んでも、その誘惑へと引き寄せられてしまうしくみになっているのです。たとえば典型的な偏差値エリートと、一部の「登校拒否」児たちは、不適応のあり方において共通しています。その共通点とは「価値観の狭さ」と「自己中心性」です。もちろんそれは、彼らだけの罪ではありません。

システムの内部で彼らなりに懸命に行動した結果がかくも似通ってしまうという悲劇において、現在の教育システムの矛盾が露呈しているのです。

学校における均質化の磁場はかくも強力です。もちろんこれに続く差異化、すなわち偏差値や内申書といった評価システムが去勢的に働く場面もあり得るでしょう。しかし、ほとんどの子どもにとって、こうした評価が去勢をもたらすことはありません。なぜなら、それらの評価が個人の本質的評価とはなんら関係ないということを、あらかじめ学校側が保証してくれているからです。それゆえ学校において「あきらめを知ること」は、いっそう困難なものとなるのです。

「あきらめ」を知ること

この「去勢否認」がもっとも顕在化するのは、先にも述べたように、ひきこもり事例の性差という点においてです。事例の八〇%が男性という圧倒的性差は何によるのか。

まず考えられることは、現代日本の社会状況において、一般に男性に対する期待度が女性に比べて高いということが挙げられます。男性の場合、青年期までに就職や就学などなんらかの社会活動に関わるよう社会的圧力がかかりやすい。女性の場合はいわゆる「家事手伝い」などの形で自宅での生活を続けたり、あるいは結婚後は専業主婦としての役割が期待されがちです。これに加えて、いまだ温存されている男尊女卑の構図が指摘できます。

女性は人生の早期から「女の子」として扱われ、その体験から徐々に「あきらめ」を受容させられるのです。このように女性に関しては、社会システム全体が「去勢」を成功させるように働くので、そのぶん成熟も起こりやすくなります。たとえば思春期においては、同年齢なら女子のほうがはるかに大人びているし、成人女性の打算やリアリズムに対抗できるほど「大人」の男性はほとんどいないでしょう。それゆえ教育システムにおける去勢否認の強制も、「あきらめ」を知った女性に対してはさほど大きな影響力を持ち得ないのです。

ただし、まったく影響がないわけではありません。私は以前、某一流大学の女子大生から非常に印象的な手紙を受け取ったことがあります。彼女は優等生で、呼吸と同じくらいやすやすと勉強ができたため、さして努力もせずに人も羨む大学の学生となりました。しかし、いざ大学生になってみると、自分が本当に欲するものがわからなくなり、次第に学校にも行かずひきこもりがちになってしまったのです。彼女は私の本を読んで、自分の問題はまだ去勢されていないことにあると理解しました。しかし「どうすれば私は去勢されることができるのでしょうか」という彼女の真摯な問いに、私はついに納得のいく回答を与えられませんでした。同じ問いに、はたして教育関係者ならどのように答えるのか、何としてもそれだけは知りたいものです。

母子密着の問題

ここで、先ほど予告しておいた「母子密着」について検討したいと思います。ひきこもりに限らず思春期問題では、その背景にある家族の特徴として、「過保護・過干渉の母親と、仕事人間で家庭に無関心な父親」の組み合わせが、しばしば指摘されます。しかし、こうした家族のありようは、実はわが国において珍しいものではありません。むしろ戦後の日本人家族の一典型として、ひろく共有されていると思います。

このことは、かつて江藤淳氏が『成熟と喪失——〝母〟の崩壊』（講談社文芸文庫）において、近代日本における「母」の影響力の増大が、「父」のイメージの希薄化とともに起こったとする分析を思い起こさせます。六〇年代以降急速に広がった、専業主婦という立場は、こうした母子密着を促進するような母親イメージに親和性が高いと言えるでしょう。わが子に過度に注目し、わが子だけを愛し、わが子の存在が生き甲斐である母親、というイメージです。こうした母親像は、ほとんどの人がみずからの経験として思い当たるか、あるいはメディアを通じて親しんでいるはずです。

もともと日本社会全体が母性社会であり、男女関係も個人対組織の関係も母子関係をモデルにして成り立っているという議論は、これまで数多く提出されています。ここでそうした議論に深入りするつもりはありません。ただし、母子密着が起こりやすく、またその関係性を温存しやすい、こうした家族関係については検討しておく必要があるように思います。実際、臨床場面においても、母親がわが子の心配をしつつ、夫の面倒もみなければならないという板挟み状況から葛藤が起こることは珍しくありません。いわばここでは、実際の母子関係に加えて、両親の夫婦関係も母子関係化してしまっているような印象すらあるのです。斎藤学氏も指摘していますが、このような夫婦関係があるからこそ、日本の男性は外での異常なまでに長時間の労働に従事しつつ家庭は妻に任せ、家事や育児への参加は極端に少なくなる傾向があるのです。もちろんこれは、そうした役割に甘んずる母親の存在抜きには成り立たないのですが。

社会学者の上野千鶴子氏は、江藤氏の指摘にもとづき、母子密着の起こる条件を次のように述べています（『成熟と喪失』解説）。すなわち、生産労働から離れた母の基盤の不安定さ、核家族の孤立、父の疎外などの近代家族の諸条件です。母子密着そのものは近代以前からあったと考えられますが、これらの条件はもちろん近代以降のものと言ってよいでしょう。

「ひきこもり」の家族における母子密着のありようは、しばしば次のようなものです。すなわち、母親は就労はおろか外出もしようとしない息子に対して、無効と知りつつも愚痴や叱咤激励で対応しようとします。しかしその一方で、わが子からの要求にはほぼ無条件で応えていることも多いのです。命ぜられるままに食事を部屋に運び、必要だといわれればお金を渡し、頼まれた買い物を届け、親への罵詈雑言に何時間でもつき合い続ける母親。

ここには拒絶と受容という矛盾した二つの方向性がみられます。なぜこのような事態が温存され続けるのでしょうか。おそらくひきこもりの家庭においてこそ、こうした母子密着がはらむ矛盾がもっとも凝縮して現れるのではないでしょうか。

ここにあるのは、やはり典型的な共依存関係と言うべきでしょう。母親はみずからのアイデンティティを、わが子を無限に受容する母親という役割に賭けています。その意味では、わが子がひきこもり、ずっと身近にいて自分の世話を受け続けてくれることは、母親の秘められた欲望の実現である可能性すら指摘しておかなければなりません。そうでなければ、なぜ成人したわが子を思春期前の子どもとひとしく扱う母親がこれほど多いのか説明できません。母親は一方では、確実にわが子の成長を阻害しようとしている。これこそが、さきほどらい述べている「去勢否認」の次元です。

しかしその一方で、母親には世間体からの圧力もあります。これも母親の存立基盤の一つですから、無視するわけにはいきません。世間から失敗した母親、ダメな母親と思われないためには、息子がひきこもったままでは困ります。それゆえに叱咤激励を試みようとするのですが、これがすでにして矛盾なのです。要するに言葉の次元ではひきこもりを否定しながら、メタメッセージとしてひきこもりを許容し続けているわけで、これは典型的なダブルバインド状況です。このダブルバインドゆえに、母子密着の病理的絆は、他者の介入なしにはけっして解けないのです。

ベイトソンの指摘したダブルバインド状況の典型とは、受容的な言葉を発しつつ、拒否的な態度を示すというものでした。その意味では、母子密着におけるダブルバインドはちょうどこの逆になります。言葉のレベルでは拒否、態度のレベルでは受容なのですから。矛盾という点では同じですが、効果という点では異なってきます。私自身、うんと薄められた形ではありますが、ある種の患者さんに対してはこうしたダブルバインド状況を利用することがあります。つまり、笑顔で冷たい言葉を言う、という態度です。これは治療関係を深め、信頼関係を強化するうえでは、なかなか有効な手段なのです。

母親からの去勢否認的なメッセージは、まさにこのような効果があります。この種のメッセージは、しばしば「去勢的な言葉」と「去勢否認的な態度」との組み合わせで発せられることが多い。これは「態度によるメッセージ」の真実性を容易に強調してくれる手法なのです。それを意図したかどうかはともかく、多くの母親が発してしまいがちなダブルバインディングなメッセージの効果については、自覚とともに検証されるべきでしょう。

ここで治療に関することを少しだけ述べるなら、態度と言葉の一致は、私が親にまず要求するテクニックの一つでもあります。もちろんこれは、母親という個人にのみ該当することではありません。青少年に対して母親的なポジションをとるすべての人、すべての組織に対して、私がまず要求したいことの一つなのです。

V

「ひきこもり」の周辺

サイバースペースと「ひきこもり」――他者との距離感について

対人関係が苦手で内向的な青年が、雑誌やビデオの散乱・堆積した部屋に閉じこもり、ひとりテレビゲームやインターネットに熱中する。もっとも容易に連想されるひきこもりイメージとしては、このあたりが妥当かもしれません。「無機的」で「温もり」のない、人間を「疎外」するメディアへの没頭が、嫌人的でコミュニケーション能力に乏しい若者を大量に産み出してゆく風景。「本物の現実」、「真のリアル」の手触りを知らない人間の増加が社会にもたらす、未知の災厄。

しかしこれらのイメージは、はたして正当なものなのでしょうか。ひきこもりの増加は、こうした危機の前兆とみなされるべきなのでしょうか。不登校の直線的で急激な増加、「おたく」ならぬ「オタク」の一般化、「だめ連」に代表される、非社会性を肯定的にアピールしようという一部の風潮、そして「(社会的)ひきこもり」事例の増加。現象をこのように切り取るなら、メディアの影響のもとで多くの若者が自閉を深めていくイメージを持つことは、むしろ容易です。しかしおそらく、事態はそれほど単純でも一面的なものでもありません。

たとえば、ひきこもりの原因をメディアと関連づけるなら、少なくとも彼らはメディアがその存在を無視し続けたことの結果として、これほどの増加に至ったとみることも可能です。さらに臨床経験は、ひきこもり青年たちの中でインターネットやゲームに過度に熱中するものは、むしろ例外的な存在であることを教えてくれます。彼らの多くは、そこまでの心理的余裕すら持ち得ず、焦燥と絶望、あるいは空虚感と無気力の中でなすこともなく日々を過ごしています。何よりも彼ら自身が、世間の紋切り型イメージに対して先取り的に過敏になっているのです。自分が「パソコンおたく」や「インターネット中毒」としてみられることだけはなんとしても避けたい、と訴える事例は少なくありません。つまり、ひきこもり事例はインターネットに関心を示さない、もしくは拒否する、という表現のほうが臨床的には正しいのです。こうした誤解は対人場面における内向性というイメージからの素朴な連想にすぎません。

また、「ひきこもりはインターネットで悪化する」という指摘も臨床的には根拠がありません。この指摘を一挙に勢いづけたのは、二〇〇〇年五月に佐賀県で起こったバスジャック事件でした。事件の容疑者（当時）である一七歳の少年は、みずからの犯行をインターネット上の掲示板で予告していました。さらに、同じ掲示板で、この少年は周囲からいじめに近い扱いを受けていたことがわかりました。パソコンを買い与えてからひきこもりがひどくなった、という両親の証言が、インターネット有害説に拍車をかけたといいます。

しかし、特殊例から一般論を導くことの危険性は、精神医学においてはとりわけ警戒されるべきことではないでしょうか。ひきこもりと凶悪犯罪という関連性も含めて、この事例はむしろ例外的なものであって、ひきこもり全体を語るにはあまり参考になりません。この事件にひきこもり問題を象徴させようとする論調は、それが為にするイメージ操作でなければ、ひきこもりに関する無知の表明と言わざるを得ません。

私は臨床場面で、積極的にインターネットを活用しています。もちろん事例にもよりますが、ひきこもり事例に関しては、ほぼ一〇〇%、インターネットへの接続を推奨しています。私が中心となって運営している、ひきこもり事例専用のデイケア活動においても、インターネットはきわめて重要な位置に置かれています。臨床医として、ひきこもり事例に接する機会がかなり多いほうであると思うのですが、その私のいつわらざる実感として、ひきこもりのケースワークとインターネットの相性はきわめて良いと言えます。

ここでは、事例を紹介しながら、ひきこもり事例の治療におけるインターネットの活用法について、いくつかの提言を試みたいと思います。

事例について

一九九九年の六月以来、私は勤務先の病院で「ひきこもり」の青少年に特化したデイケア活動を主宰しています。この活動が挙げつつある成果には目覚ましいものがあります。

特筆すべき点は、このデイケア活動を維持するに当たって、インターネットの機能が最大限に活用されたということです。

ここではまず、インターネットに関わることが、なんらかの意味で治療的であった四つの事例を示します。先にも述べましたが、私はひきこもり事例のすべてにインターネットへの接続を推奨しています。このため、同じ条件でネットを利用しなかった群との比較が不可能であることは、あらかじめお断りしておきます。私は研究者ではなく臨床家であるため、さしあたり害がなく、有効性を期待できそうな手法は、検証抜きで治療に取り込まざるを得ない立場にあります。また、インターネットの利用が明らかに有害であった事例は、ほとんど存在しませんでした。ネット上のコミュニケーションが陥りがちな弊害については、事例にもとづいて述べますが、その事例ですら、長期的視野においてはインターネットの有効性のほうが勝っていました。

なお、それぞれの事例の記述に際しては、プライヴァシーに配慮して、経過の細部は変更を加えてあること、またここで紹介する「ひきこもりデイケア」は、実は複数箇所あり、中には私が直接担当していない事例も含まれていることをお断りしておきます。

［事例1］二八歳・男性

もともと人づき合いは苦手でしたが、高三から不登校がちとなり、受験に失敗して二浪したのですが予備校にもなじめず、二〇歳頃から自宅にひきこもるようになりました。二回ほど短期で工場などのアルバイトに出たほかは、外出もほとんどしなくなりました。自宅では趣味のパソコンに向かっていることがほとんどで、インターネットにも接続しており、メール交換する友人もいました。しかし、直接会うような対人関係はほとんどありませんでした。二七歳の時、私の主催する家族会に参加したことを契機に外来を受診し、以後現在まで定期的に通院を続けています。「ひきこもりデイケア」には、開設当初から参加していました。デイケアでは数人の親しい友人ともつき合えるようになり、またパソコンの知識を生かして、デイケアの備品であるパソコンをセットアップしたり、ほかの患者に使用法を教える立場を進んで引き受けたりするようになりました。デイケア活動の中でも、メーリングリストを作ったり、毎週末にチャットを開いたりするなど、インターネット環境の整備にきわめて積極的に関わりました。私生活でも父親の紹介により、企業のホームページ作りの内職を請けおうようになり、やがて週に三日だけ出社してアルバイトに励むようになりました。

［事例2］三〇歳・男性

高二から不登校と洗浄強迫がみられ、なんとか卒業したものの、その後自宅にひきこもりがちな生活となりました。対人緊張と強迫行為のため外出もままならない状態が続き、二〇歳時に精神科を受診。民間の宿泊治療施設での共同生活を数ヶ月間経験しましたが、ここでも完全癖を含む強迫傾向が顕著でした。一時期アルバイトにも通いましたが続かず、その後現在まで定期的に通院を続けていますが、依然として就労は困難であり、障害者年金を受給しています。しかしその後、治療者の勧めで、保健所のデイケアや作業所にも通所するようになりました。二六歳時からパソコン通信をはじめるようになり、治療者やほかの患者とのやりとりを続けています。その後独自にインターネットにも手を広げ、チャットを楽しんだり、そこで知りあったメンバー同士のオフ会（実際に集まる会）に参加したりするようになりました。またLinuxという、やや高度な技術者向けのOS言語を独習して、ある程度使いこなせるようになりました。多趣味ではあるものの完全癖のため、熱中しすぎて疲労することが多く、バランスのとれた活動が今後の課題です。

［事例3］二一歳・男性

特待生として高校に入学したのですが、成績の低下に悩み、高二で家出をし徘徊中に保護されました。高校は休学となり、父親が買い与えたパソコンに熱中するようになりました。退学後、大検に合格したのですが友人関係が途絶え、大量服薬による自殺企図を繰り返しました。アルバイトや専門学校も、通いはじめては中断し、次第にひきこもりがちな生活になりました。二〇歳時に外来を受診し、ひきこもりデイケアを利用しながら、現在まで通院を続けています。インターネット上のオンラインゲームが趣味で、自分のホームページ上では匿名の日記も公開していました。当初はデイケアの仲間に対してなじめない感じが強かったのですが、インターネット上の掲示板（主としてデイケア参加者のためのもの）への書き込みや、個人的なメール交換を通じて少しずつ親しい友人も増え、これとともにデイケア参加も積極的になりました。掲示板で募集のあったバンドにもギタリストとして参加し、熱心に練習に取り組みはじめました。こうした一連の活動で自信をつけたのか、デイケア参加後三ヶ月目からコンビニのアルバイトをはじめ、順調に続いています。

[事例4] 三〇歳・男性

中二からのいじめをきっかけに不登校となり、家庭内暴力がはじまりました。自室にこもったまま入浴もせず食事もとらない生活が続き、精神科を受診。中学卒業後二年間は自宅にひきこもりがちな生活が続き、一八歳で高校に入学しましたが、入学の翌年から不登校となり退学しました。旅行や短期間のアルバイトに出るほかはひきこもりがちの生活に戻り、家庭内暴力も増悪しました。二〇歳時に著者の外来を受診し、民間の宿泊治療施設での共同生活を開始しました。施設内では他の寮生やスタッフとの対人距離がうまくとれず、苦しむことが多かったようです。入寮して半年後、外泊中に自殺目的で大量服薬し、精神科に入院することになりました。しかし院内の人間関係になじめず、結局無断離院したまま退院となりました。自宅に戻ってもひきこもった状態は変わらず、その後三回の入退院を繰り返しました。暴力も完全には鎮静化せず、また自殺企図も数回繰り返されました。しばらくは家から出ること自体が困難な状況が続き、通院が半年ほど中断したこともあったのですが、二九歳時から治療者の主宰するメーリングリストに参加するようになり、この頃から安定して通院できるようになりました。また、それまで外出や友人と会うことがきわめて困難でしたが、メーリングリストに参加後、他のメンバーに電話して遊びに行くなど、これまでは考えられなかったような積極性がみられるようになりました。これで弾みがついたのか、デイケアにも定期的に参加するようになり、親しくなったメンバーとメールを通じてつながりつつ交際を続けています。まとまった社会参加には至っていませんが、対人関係への関わり方は、以前と比較して明らかに積極的な態度に変わりつつあります。

以上の四つの事例は、インターネットとの関わりが、なんらかの治療促進的な効果を持ち得たケースです。しかし当然のことながら、ネット活動にはマイナスの要因も含まれています。次に示すのは、そうした負の側面がもっとも顕著に現れた事例です。

［事例5］二七歳・男性

高校卒業と同時に自宅にひきこもりがちとなり、そのままの状態ですでに一〇年近くが経過していました。対人関係は一切拒否し、雨戸とカーテンを締め切った部屋で、特に何をするでもなく茫然と過ごしていました。近隣の住人への被害関係念慮が強く、このためほとんど外出できず、気に入らないことがあると母親に当たり散らし、ときには暴力をふるうこともありました。二五歳時から著者の外来で通院治療を続けており、面接時の印象などから統合失調症の可能性は否定されていました。

当時治療者は何人かのひきこもり患者有志を募って、インターネット上で雑談用のメーリングリストを複数運営しており、本人もその一つのメンバーとして参加していました。参加当初はかなり積極的に話題を提供し、日常生活においても活動的になるなどの好ましい変化がみられていました。しかし、ある時期から一人の新規メンバーが、攻撃的とは言えないまでもかなり強い調子のメールを書き込むようになり、本人は次第にそのメンバーへの不快感を募らせていました。彼自身のメールの内容にもときおり中傷すれすれの表現がみられるようになり、治療者はやむをえず個人メールで本人に注意しました。すると彼は唐突に激昂し、すぐさま治療者を激しい調子で罵った中傷メールをメンバー全員に配信しました。他のメンバーがそれをたしなめると、今度は強烈な罪悪感に陥り、不快にさせて申し訳ない、土下座してでも謝りたいというメールを当のメンバー宛てに送信しました。

その後まもなく、治療者の慰留を振り切って、彼はメーリングリストから脱退し、通院も中断してしまいました。

その後本人の両親から伝え聞くところでは、一時はまったくネット活動を中断したものの、徐々に接続を再開し、他院に通院しながら現在はパソコンの組み立てに熱中しているということです。

インターネットの特性

最初の四つの事例に示した通り、「ひきこもり」事例に対してインターネットはきわめて有効な治療支援のための手段です。まず、治療におけるインターネットの具体的活用法と、それが有効である理由を以下に整理してみましょう。

事例1、事例2において顕著であったように、インターネットによるコミュニケーションは、パソコンそのものについての関心と結びつきやすいものです。もともとパソコン一般への関心が強く、知識や技術が豊富である場合ほど、ネット活動への導入はスムーズになります。またパソコンの知識は、対人関係や話題作りにおいて役に立つことが多く、事例1のように、ついには就職に結びつくということもあり得ます。在宅で仕事を請け負う、いわゆるSOHO（small office home office）的な展開は、まだまだ一般に容易なものではありませんが、将来はこうした方向性につながっていく可能性もあります。

もちろんパソコンやインターネットの嗜癖性という側面を無視すべきではありません。しかし私はいまのところ、それほど深刻な問題にまで至ったひきこもり事例の経験がありません。さしあたりネット活動については、有用性のほうが危険性を圧倒的に上回っていると言ってよいでしょう。

ついで、インターネット・コミュニケーションの一般的な諸形式と、その特性について具体的に検討してみましょう。

一番広く使用されているのは、やはり電子メールでしょう。会話や電話、手紙などに比べ、電子メールは（利用をはじめてしまえば）もっとも敷居の低いコミュニケーション手段です。外出はもちろん、電話すらも出たがらないことが多いひきこもり事例にとって、メールは対人関係のきっかけを作る重要な第一歩となり得ます。事例4のように、メールのやりとりを契機として、対人関係への積極性を取り戻すことも珍しくありません。一般的にメールは、送り手と受け手の双方にとって、きわめて負担が小さい。気軽に書いて送信し、気軽に受信して読むことができます。見落とされがちなことですが、双方にコミュニケーションの正確な記録が残される点も重要な利点です。

アメリカなどでは電子メールによるカウンセリングも、近年盛んに試みられています。しかし私は、電子メールによる精神療法の有効性に関しては、実ははなはだ懐疑的です。テクストのみを介したやりとりは、単に「情報量」の乏しさや、リアルタイム性の欠如などの限界があるばかりではない。私は精神療法における有効性の主要な源泉が、〝いま、ここ〟における「治療者の現前性」にあると考えています。この部分だけはサイバースペースに移植不可能な、一種の特権的領域ではないでしょうか。直筆の手紙がメールよりはいくぶん「治療的」であり得るとすれば、それは「文字の現前性」によるところが大きいように思われます。精神療法の過程において、インターネットはきわめて有力な補助手段ではありますが、逆に言えば、そこには補完的な意味合いしかありません。生身の治療関係が確保されてはじめて、インターネットによる補完が十分に機能し得るのではないでしょうか。このことは治療関係に限らず、ネットを介した対人関係全般に当てはまるように思います。

電子メールの発展形の一つとして、「メーリングリスト」があります。何人かのグループをこのリストに登録しておくと、一人が出したメールがメンバー全員に配信されるというものです。このシステムによって、メンバー全員がメールのやりとりを共有できます。私はかつて、担当患者を含むメンバーからなる複数のメーリングリストを運営していたことがあり、ここに紹介した事例にはそのメンバーも含まれています。現在は諸般の事情からメーリングリスト活動は中止していますが、おおむね治療を補完するうえで有用なものであったと思います。私の管理するメーリングリストは、治療に関することと誹謗中傷を除く、さまざまな雑談を語り合うための場所です。ひきこもり事例の多くは、しばしば音楽、映画、文学などに深い趣味を秘めていることがあり、治療場面では出しにくいそうした話題も、メーリングリストでは気軽に話すことができます。そうした話題を語り合う中で、治療関係の維持がしやすくなり、遠距離のため通院間隔が長くなりがちな患者とも、密度の高い信頼関係を保つことが容易になります。さらに個人的感想を述べておくなら、電子メールを介したやりとりにおいては、境界例などで起こりがちな「転移の泥沼化」が生じにくいように思われます。サイバースペースにおける転移の問題はきわめて重要であり、これはこれで十分な検討が待たれるところです。

インターネットの恩恵

「電子掲示板」は、インターネット上に設置され、誰でもアクセスして自由に書き込める、文字どおりヴァーチャルな掲示板です。電子メールと異なり匿名性が高く、はるかにオープンであることが特徴です。しかし「誰でも匿名で書き込める」という性質ゆえに、外部からの悪意ある攻撃(「荒らし」と呼ばれる)にさらされやすいという欠点もあります。私は現在、デイケアメンバーにほぼ限定した掲示板を管理していますが、こうした攻撃に対してはいくつかの対策を講じています。まず原則として、他のホームページにリンクを張らないこと。検索エンジン除けの機能を利用すること。以上は部外者の侵入を防ぐための工夫です。また書き込みの際に暗証番号を入力してもらい、匿名であっても個人の同一性を保証しやすくしています。こうした機能を、ネット活動にくわしいメンバーの協力を得て付加した結果、設置以来一度も「荒らし」の被害に遭わずに済みました。なお、この場所での書き込みは、ハンドル名（ペンネームのようなもの）でなされますが、デイケア参加者なら誰なのか見当がつく名前になっています。このため、掲示板で盛り上がった話題の続きを、デイケア場面でのやりとりにもつなげやすくなりました。

「チャット」は文字どおり、インターネットに接続して行う、リアルタイムの文字によるおしゃべりです。現在デイケアメンバーによるチャットが、毎週一、二回行われています。話題は雑談の延長線上のもののようですが、リアルタイム性が連帯感を盛り上げるのか、毎回深夜から明け方まで続くことが多いといいます。掲示板のコミュニケーションが落書き帳的であるとすれば、チャットは長電話的です。どちらかといえば書き込みの内容が重視される掲示板に対して、チャットは話題よりもつながっている感覚や、だらだらとしたやりとりのリズムといった面が重視されている印象があります。

繰り返し強調しておきますが、私はこれらのコミュニケーションが、あくまでもデイケア活動を補完するうえで有効なものと理解しています。まず生身の個人同士の出会いが確保され、そのつながりを強化するのが、こうしたネット活動です。逆に言えば私は、サイバースペース上の出会いについては、いくぶん警戒的です。「出会い系」なるサイトが人気であることは承知していますが、こちらは治療とは無関係の話です。実際に治療場面でインターネットを勧める場合にも、そこで誰かと知りあうことより、すでにある人間関係を再活性化するために役立つということを強調するようにしています。しばしば人間不信に陥っているひきこもり事例にとって、ひきこもってから再び人と出会うことの意味はきわめて大きい。それゆえ治療場面において、出会いの安全性は十分に保証されなければなりません。私はこの部分については、やはり生身であることを最優先せざるを得ません。これは私にとってインターネットの恩恵が、新たな出会いよりは、旧知の人々との再会（恩師、同窓等）をもたらしてくれた点にあったことも影響しているかもしれません。

危険もひそむインターネット

さて、ここまではインターネットの効用について述べてきましたが、最後にその危険性についてもふれておく必要があるでしょう。

ひきこもりとヴァーチャル・リアリティは、因果関係とは別の意味で、一つの興味深い問題提起に結びつけ得るでしょう。まず、「ひきこもり」という診断ならぬ状態像そのものが、さまざまな精神症状をもたらすという事実について。これらはいうなれば、ひきこもりから二次的に派生したヴァーチャルな精神症状とみなすことが可能です。それは、ある種の閉鎖された空間において、半ば必然的に生ずる病理性でもあります。そして、この種の閉鎖空間は、インターネット上のコミュニケーション空間（サイバースペース）においてもしばしばみいだされるものではないでしょうか。このような仮説にもとづき、二つの空間に共通に認められる精神病理について考えてみましょう。

ひきこもりには対人恐怖や強迫症状、被害関係念慮といった、さまざまな精神症状が合併することが知られています。しかし診断に際しては、「ひきこもり」はあまり重視されず、随伴する精神症状から診断名をつけるのが精神科医の一般的態度です。ここで重要なことは、これらの精神症状のいずれもがひきこもりから二次的に生じているという可能性です。もしそうであるなら、たとえば強迫症状の存在を理由として、ひきこもり事例をことさらに「強迫神経症」と診断することは、はたして正当な態度と言えるでしょうか。その際、診断体系の厳密な適用は、現象の解釈を無用なまでに複雑化することになりはしないでしょうか。私たちに必要なのは仮説原理を節約するオッカムの剃刀なのであって、現象よりも尺度を優先するプロクルステスの寝台ではないことを、ここであらためて確認しておきましょう。

ひきこもり問題群の背景

おそらく「ひきこもり」という行為それ自体は、症状や問題行動とみなされるべきではありません。それどころか、神田橋條治氏も指摘するように、非常口さえ確保してあれば、ひきこもりは実り豊かな経験たり得ます。しかしその一方で、出口のないひきこもり状態は、容易にさまざまな病理の温床と化してしまうのも事実です。まさにこの臨床的事実ゆえに、ひきこもり事例は時に治療の対象とみなされることになるのです。ではなぜ、対人恐怖や強迫症状などがひきこもりから二次的に生じた症状と考えられるのでしょうか。その根拠は以下のとおりです。

◎いずれの症状も、「ひきこもり」のはじまりと前後して起こる。
◎いずれの症状も、「ひきこもり」の長期化とともに増悪する。
◎入院など、なんらかの理由で「ひきこもり」状態が中断させられると、これらの症状は急速に改善、ないし消失する。
◎いったん消失した症状も、「ひきこもり」状態が再開されると、ふたたび出現する。

たとえば家庭内暴力についてよく知られているように、患者が問題行動を呈するのは、あくまでも家庭内に限られ、家庭の外でも暴力に及ぶ事例はほとんどありません。あるいは「強迫症状」についても同様のことが指摘できます。本来、強迫神経症という疾患はかなり治療に対して抵抗する傾向があり、環境の変化程度で症状が改善されることは期待できません。しかし、ひきこもり事例に伴う強迫症状は、入院などの環境変化であっさり消失してしまいます。環境いかんで症状が左右され得るという事実は、その症状が深い心理的葛藤やトラウマに根差しているのではなく、単に状況に対する一過性の反応として出現している可能性をより強く疑わせます。私が「ヴァーチャルな精神症状」というのは、そうした意味においてです。

「家庭内暴力」は、ひきこもり事例の約半数にその既往がみられます。この問題の語りにくさは、背景にあるひきこもり状態との関連性が長らく無視されてきたことにも起因すると考えられます。単純に考えるなら、ひきこもり状況が退行をもたらし、退行の一形態として暴力が起こるということです。しかし、それだけではまだ一面的な記述にとどまる。私は「家庭内暴力」について、これを暴力という側面に注目するのみでは、その本質をとらえそこなうと考えています。それはむしろ、境界性人格障害（以下、BPD）との類似性において記述、解釈されるべき問題ではないでしょうか。

家庭内暴力事例に深く関わった臨床家には周知のことですが、彼らの態度はきわめて両極端です。積年の恨み、憎しみを叩きつけるように親を虐待したかと思うと、その直後には激しい後悔に駆られ、泣かんばかりに親に謝罪するといった態度。そこには明らかに、BPDなどで顕在化する「分裂　splitting」の機制が働いています。つまりアンビヴァレンスを処理するに際して、「抑圧」よりも「分裂」が優位になっているのです。

こうした分裂の背後にあるのは、強い空虚感、「無快楽　anhedonia」といった基底的気分であり、この点もBPDと著しい類似関係にあります。こうした気分が、生活のあらゆる局面に不安定さをもたらします。唯一の対人関係である親への評価も、「殺しても飽き足りない憎むべき敵」と「それなしには生きていけない絶対的依存対象」との間で分裂し、揺れ動きます。これと平行して自己評価もゆらぎ、誇大な自我理想がプライドへのしがみつきを生む一方で、社会的に無価値な人間という低い自己評価が抑うつをもたらし、希死念慮や自殺企図につながることもあります。現実を検討する能力が保たれているにもかかわらず、対人関係、認知、感情、行動といったあらゆる局面での不安定さは、社会との接点をもたない彼らの生活全般を事実上覆っています。したがって彼らの暴力もまた、ＢＰＤの「行動化」とほぼ同等の症状的価値を持つことになります。

ＤＳＭ－Ⅳを信奉するほどの医師ならば、彼らの状態像をＢＰＤとみなすことに、さほど抵抗はないはずです。家庭内暴力の多くの事例は、Ⅱ軸におけるＢＰＤの診断基準を完全に満たしています。ＤＳＭ－Ⅳに限らず、ＢＰＤに関するさまざまな評価尺度、たとえばＪ・Ｇ・ガンダーソンによるＤＩＢ（Diagnostic Interview for Borderlines）を用いて評価しても、その状態像は境界性人格障害の要件を十分に満たします。しかし実際には、家庭内暴力事例をＢＰＤと診断する臨床家はほとんどいません。ＢＰＤについては、精神療法の過程で激しい「転移―逆転移」の泥沼を演じ、治療者を魅了しつつ手こずらせる患者、という一般的理解があるからです。これに対して家庭内暴力の患者は、面接場面ではごく穏やかで礼儀正しい青年として振る舞い、こうした泥沼とはおよそ無縁であることが多いのです。

そう、もちろん彼らは境界性人格障害と診断されるべきではありません。BPD的な行動の原因が、明らかにひきこもり状況に起因するものなら、そうした状況依存的な症状からこの診断を下すことは、人格障害の定義上矛盾をきたしてしまうからです。しばしば彼らに下される診断である「回避性人格障害」についても同様の誤りが指摘できます。回避傾向が顕著であるとしても、それはひきこもり状況に随伴しつつ変動する症状の一つにすぎません。

こうした「ひきこもり」随伴症状の特異な位置を、ここではさしあたり「ひきこもり問題群」と呼んでおくことにします。症候群ではなく問題群とするのは、個人病理のみならず、家族病理、社会病理などが一定の関わりを持つということを強調しておくためです。さきにも述べたように、家庭内暴力に代表されるひきこもり問題群の諸症状は、そのかなりの部分が退行にもとづくものです。しかし、退行による説明だけでは、ことの本質の半分もとらえられません。問題は、ひきこもりがなぜ退行に結びつき、退行はなにゆえ暴力という形式で表現されることになるか、という点にあるのです。

メラニー・クラインによる「妄想－分裂態勢」という概念は、この問題の解釈に有効な手がかりをもたらしてくれます（R・D・ヒンシェルウッド『クリニカル・クライン――クライン派の源泉から現代的展開まで』誠信書房）。彼女の「分裂」概念、あるいは「投影性同一視」概念は、カーンバーグなどを経由してBPDの臨床においても広範な影響を与えたことはよく知られています。ひきこもり問題群における退行的な状態像、とりわけBPDに類似した状態は、この「妄想－分裂態勢」への移行として理解することができるでしょう。おそらく、こうした可逆的な――したがって（ある程度）仮想的な――「妄想－分裂態勢」への移行については、ひきこもり問題群のみに限定されない一般性を持つと考えられます。先にもふれたように、ある種の閉塞空間に没入する過程において、人は半ば必然的に「妄想－分裂態勢」に至るのではないでしょうか。そのことを示唆するもう一つの例が、インターネット上におけるコミュニケーションの問題です。

フレーミング現象

インターネット上では、電子メールの交換はもとより、電子掲示板（BBS）、IRCチャット、ICQ、ネットワークゲーム、MUD（Multiuser Dungeon /Multiuser Dimension）など、すでにさまざまな形式のコミュニケーションが日常的に取り交わされています。精神分析のトレーニングを受けたメディア学者、シェリー・タークル氏が指摘するように（『接続された心』早川書房）、メディア上に立ち上げられた仮想空間は、解離現象にも似たさまざまな「症状」をもたらします。それはたとえば、サイバースペースにおける仮想的な多重人格性です。この空間でわれわれは意図的に、あるいは意図せずして、複数の人格を使い分けることになります。男性が女性を、老人が子どもを、弱者が強者を演ずることも、そこではなんら特殊な行為ではありません。

いっぽう、サイバースペースで繰り広げられる誹謗中傷合戦の激しさも、この空間特有の「症状」とみなすことが可能です。たとえば、無口で控えめな性格のサラリーマンが、深夜パソコンに向かい激しい憎悪と呪詛を匿名の論敵に叩きつける、といった例がしばしば指摘されます。日常では使ったこともないような口汚い罵りの言葉が応酬され、不毛な論争はしばしば泥沼化していきます。こうした論戦は「フレーミング flaming」と呼ばれ、サイバースペースではごく日常的な現象の一つとみなされています。フレーミング見物を無上の楽しみとして、あちこちの掲示板や会議室を野次馬的に渡り歩くギャラリーずら存在します。こうした激しい攻撃性にも、先ほど述べた「解離」と同様に、サイバースペースにおける一種の閉塞性が深く関与しています。

ただし、ここでいう「解離」は、精神症状としての解離とは、いくつかの重要な点で異なっています。この相違点はそのまま、サイバースペースとひきこもり問題群との共通点に重ねることができます。まず、この「解離」は外傷によるものではなく、健忘が起こりません。したがって本人は、「解離」が起こっている(いた)ことに対して十分自覚しています。つまりそこでは、体験の時間的、空間的連続性がほとんど障害されないのです。こうした状態は定義上、解離とみなされないため、ここでは比喩的に「解離」と表記して区別しておきます。あえて「解離」の用語にこだわるのは、サイバースペースへの没入に際しては、常になんらかの意識変容感が伴うからです。この意識変容感ゆえに、嗜癖的な没入が可能になり、閉塞空間のイメージもここから生まれると考えられます。その嗜癖的側面、いわゆる「インターネット中毒」の実態については、すでに当事者による報告もあります（クリフォード・ストール『インターネットはからっぽの洞窟』草思社）。

閉塞空間の精神病理

繰り返し述べてきたように、サイバースペースはひきこもり問題群と共通の病理を抱えており、その記述は「閉塞空間の精神病理」として一般化することが可能です。閉塞空間には、真の意味での「対象」が存在しません。ひきこもり事例にとっての両親は、コフートのいう「自己対象」の一部にすぎず、それはあたかも自分の身体の一部であるように認識されます。そこには対象が本来持ち得るような他者性がまったく欠如しています。そして他者性の欠如という点では、サイバースペースで出会うさまざまな対象も同様です。いずれの場合も共通するのは、他者との距離感のなさです。

ひきこもり問題群について、この点は容易に理解されるでしょう。そこでは母子の共生関係を典型とするような、さまざまな密着状況が起こりやすい。それではサイバースペースについてはどうでしょうか。そこでは対象との実質的（virtual）な距離が完全に均等になります。相手がアメリカの友人であろうと町内の親戚であろうと、接続ややりとりに要する物理的な時間はほとんど変わりません。そして、すべてが均等であるということは、そのまま距離感の欠如を意味します。まさにこのことが、対象との心理的距離の著しい短縮をもたらすのです。実際、患者とメールを交換してみると、彼らは面接室とはうってかわって気安く打ち解けた態度をとることが多い。ただし、この気安さが激しい攻撃性に容易に転じ得るものであることは、事例5に示した通りです。

ラカン的立場から付け加えるなら、閉塞空間は「想像的なもの」が圧倒的に優位となる領域であり、それゆえに攻撃性とエロスのアンビヴァレントな葛藤が全面的に展開することは、ほとんど必然的帰結です。そこにおいて他者性は、完全に表象可能なまでに縮減され、その所有をめぐる戦い、「主か奴か」の破壊的で果てしない抗争を喚起してやまないからです。そのような他者は、児童精神分析家フランソワーズ・ドルトが「相互ナルシス的」と正しく表現した意味において、まさに鏡像的な他者なのです。

さらに重要な要因の一つとして、万能感の問題があります。ひきこもり問題群では、先にも指摘したとおり自我理想、すなわちプライドへのしがみつきがみられます。これはしばしば羨望にもとづいており、ときには誇大妄想のようなみかけをとる場合すらあります。彼らはたとえば「大学院に入り直して理論物理の教授になる」「小説を書いてノーベル賞をめざす」などといった願望を語るのですが、実はそれが周囲にどのように受け取られるかについて、かなり自覚的でもあるのです。その意味での現実を検討する力は、十分に保たれているのです。それにもかかわらず、彼らはこうした誇大な万能感を断念することができません。いっぽうサイバースペース上の万能感は、そこでのコミュニケーションがもたらす誇張された自由の感覚にもとづいています。まず、前段でふれた距離感のなさ、リアルタイム性などもまた、この感覚に寄与するでしょう。さらに、さきに引用したS・タークル氏も指摘するように、そこに接続したものは、自在にさまざまな年齢、性別、キャラクターを使い分け、他のメンバーとたちまち親密な関係を築くことができます。女性と交際した経験がない青年でも、そこでは「タイニーセックス」と呼ばれる擬似的な性交渉の達人になることができます。コミュニケーションの仮想空間内で、自在にアイデンティティを変形させ得るこうした状況もまた、容易に万能感に結びつきます。そして、こちらでも接続をやめない限り、本質的な意味での「断念」は起こらないのです。

共通する病理構造

なぜ万能感は断念されないのか。一つにはこうした万能感が、その実空虚で実体がないものであることが自覚されているためです。先に指摘した「他者性の欠如」こそは、万能感の契機であると同時に、その基底における空虚感を深く根拠づけています。万能感はリアルな満足の幻想をかいま見せてくれますが、真の満足を与えることはけっしてありません。それにもかかわらず満足の幻想をむさぼる行為が、しばしば嗜癖（中毒）的な様相を呈したとしても、なんら不思議はありません。断念の起こりにくさは、こうした嗜癖的な側面に由来するでしょう。かくして閉塞空間はいっそう補強され、そこでは空虚感に裏打ちされた万能感が育まれます。この万能感の基礎の上に、妄想-分裂態勢があらためて賦活されるのです。

妄想-分裂態勢において攻撃性の契機をもたらすのは、まず第一に投影性同一視、すなわち「勘ぐり」です。そこでは勘ぐりが被害念慮を生み、被害念慮がさらなる勘ぐりにつながっていく。ひきこもり事例の投影対象は、主として親であり、次いで近隣住民などです。いっぽうサイバースペースでは、投影の対象は通常匿名の論敵が送信したテクストであり、したがって書かれた文字に投影するような奇妙な事態が起きます。さきの事例5においては、本人の新規メンバーに対する怒りがまず治療者に投影され、その結果治療者の注意の言葉は、あたかも彼自身に対して不当に強い怒りと非難が向けられたかのように受け取られました。そして彼は、そのような理不尽な仕打ちに対抗すべく、治療者に対して激しい反撃に出たのです。

ここで論点を整理しておきましょう。ひきこもり問題群とサイバースペースは、それがコミュニケーションの閉塞空間をもたらすという点において、共通の病理構造をはらんでいます。それは概ね、以下のように記述されます。

◎そこが「現実」から隔離され、制限された閉塞空間であることが自覚されている。
◎心的外傷の関与は、存在するとしても本質的なものではない。
◎その空間への没入過程は、しばしば嗜癖行動の様相を呈する。
◎その空間への没入に際しては、一定の意識変容感が伴う。
◎その空間では対象の他者性が減衰する。
◎他者性の減衰は、空虚感を基底とする万能感を獲得させる。
◎この万能感の上に「妄想－分裂態勢」があらためて賦活される。
◎主として投影的同一視の機制にもとづき、激しい攻撃性や行動化に至る。

ここに抽出された精神病理は、はからずも意外な射程を持つことになるでしょう。それはおそらく、コミュニケーションへの嗜癖的没入の病理という問題系にまで拡張可能と考えられます。もしそうであるなら、本論の指摘はひきこもり問題群に限定されない思春期問題行動の一部、あるいは摂食障害をはじめとする広義の嗜癖問題など、さまざまな病理現象に対して応用が可能になります。

ひきこもり問題群とサイバースペースが、きわめて近縁の病理性をはらむという事実から、私たちは以下のことに留意しておくべきでしょう。そこでは「わかってやっている」

ことが、もはや安全弁として機能しないということ。人間は自覚しつつクレージーになり得るのであり、これは広義の嗜癖問題と重なります。そこでは「病識」の有無と病理性の深さは無関係であるか、ひょっとすると逆相関の関係となります。

多様なコミュニケーションの諸形式は意識のフレームとして機能し、これらは電話人格、電子メール人格とかりに呼び得るような人格的な統一感をもたらします。ここにおいて「閉塞空間」が成立し、ときには病理性がはらまれる。この過程がすべて明瞭な自覚のもとで起こるとしたら、病理性を予防すべく、いかなる対抗策が可能となるでしょうか。それはたとえば閉塞空間への接続を切断し、「現実」に立ち返ることでしょうか。しかし「現実」という担保は、もはやその有効性の臨界に達しつつあります。いままさに広がりつつあるのは、「現実も虚構の一種にすぎない」という、哲学的には至当な認識ではなかったか。

ここであらためて浮上するのは「去勢」の問題です。想像的なものの破壊性を押しとどめるために象徴界が介入する、まさにその過程が「去勢」にほかなりません。閉塞空間という想像的領域がはらむ病理に対抗するには、コミュニケーションを去勢するための技術こそが要請されなければならないのです。

たとえば私は、ひきこもり問題群の治療において、家族間の直接の会話をもっとも重視しています。言い換えればそれは、以心伝心的なメタ・コミュニケーションの徹底した排除です。こうして枷をはめられたコミュニケーションによって対人距離が生まれ、家族という自己対象に他者性が導入される契機となる。いっぽうサイバースペースに関しては、「ネチケット」と呼ばれる、さまざまなルールがよく知られています。これもまたフレーミングなどのトラブルを予防するために考案された指針です。興味深いことに、ここには精神療法家にとっても有益な示唆が多数見出されます（例：「送信する内容には慎重さを、受信する内容には寛大さを」など）。

いずれにせよ、コミュニケーションをいかに制限するか、つまり「去勢」するかが今後の重要な課題となってくることは間違いありません。想像的なものが優位となる「妄想－分裂態勢」から、「去勢」のプロセスを介して、幻想と現実が統合される「抑うつ態勢」へ至ること。私が夢想する閉鎖空間の成熟とは、そのような段階を指しているのです。

「「社会的ひきこもり」とヴァーチャル・リアリティ」『アディクションと家族』一九九九年一二月＋「サイバースペースとひきこもり」『最新精神医学』二〇〇〇年九月（二つを合わせて大幅に加筆）

治療法としての地域通貨

遅まきながら、このところ気になっている試みに、「地域通貨」があります。NAMのLETSをはじめとして、近いところではアースデイマネーなど、これらは静かながらも確実に盛り上がりつつあるムーヴメントなのではないでしょうか。本当は私も、そうした動きに直接参加すればいいのでしょうが、医者の悪い癖で、つい治療に結びつけるところから考えてしまうのです。

治療にトークンを利用したりする試みは、摂食障害をはじめとする問題行動に行動療法的にアプローチする目的で、すでになされています。また、最近読んだ『メディカルトリビューン』(三四巻四六号) の記事でも、エール大学の精神科キャサリン・キャロル教授らによる、非常に興味深い試みが報告されていました。彼女たちは薬物乱用患者に対して、ナルトレキソン naltrexone という解毒剤を定期的に投与する治療を行っています。しかし、多くの患者が途中で通院をやめてしまい、薬物乱用を再開してしまうことが悩みの種でした。そこで、定期的に通院を続けられた患者に品物やサービスを受けられる引換券を配布するという行動療法的なアプローチを行い、成果を挙げたというのです。

具体的には、薬物乱用患者一二七例に対して、ナルトレキソンを週に三回服用させ、治療グループの会合に週に一回出席させます。そのうち半数には、目標を達成していれば品物やサービスと交換できる引換券を配布しました。その際、通院の回を重ねるたびに引換券の価格を上げ、中断したり薬物を使用してしまった場合はもとの価格にもどす、という方法が採られました。ほかの半数には、引換券の代わりに家族療法の会を試みました。その結果、家族療法だけの群に比べ、引換券を用いた群では通院や服薬の状況が有意に改善したといいます。この例など、もちろん地域通貨とは異なりますが、私の考えている治療への応用にきわめて近い要素を含んでおり、きわめて示唆的な研究と言えるでしょう。

ただし、私がここで提案しようというのは、こうした従来型のトークンなどとはかなり異なった治療理念です。まず少なくとも、それはあまり行動療法的とは言えない。ものすごく雑駁な意味で、家族療法的とは言い得るかもしれませんが。

ひきこもり状態にある若者の多くは、他人との接点を持たず、家族関係も、しばしばこじれきってしまっている。私にできる援助は限られたものですが、その中心はカウンセリングや薬ではなく、もっぱらケースワークなのです。つまり、家族をはじめとして、彼らをとりまくさまざまな対人環境を調整することです。言葉にするのは簡単ですが、この実践が治療の中でもいちばん難しい。

私がひきこもり状態にある家族に対して促すのは、家庭内でのコミュニケーションを会話を中心にして緊密化することです。ひきこもり青年を抱えた家庭では、コミュニケーションがきわめて貧しいものになっていることが多い。もう何年間も口を利いたことがなく、メモだけのやりとりが続いているという家庭も珍しくありません。しかし、自然体に任せたままでは、そこからの回復はとうてい期待できない。たとえば朝晩の挨拶を励行するなどして、少しでもコミュニケーション・チャンネルを開く努力はしているのですが、いま一つもどかしさが残ります。

私の地域通貨に関する理論的な理解は、ほとんどすべて北海道大学の西部忠氏の諸論文に依拠しています。氏の論点はさまざまな意味で私の臨床に通ずる点が多く、非常に示唆的でしたが、とりわけ共感できたのは「地域通貨は新しいコミュニケーションのメディアである」という主張です。私はここから連想して、地域通貨をひきこもり治療の現場に応用できないものかと考えるに至ったわけです。

ごぞんじのとおり西部氏は、地域通貨がグローバリゼーションの進展によって破壊されるコミュニティや、その内部におけるコミュニケーションを新たな形で再構築する可能性を持つとしています。ただ、それがまかり間違って「前近代的な閉じた共同体」を復活させることになってはいけません。以下、西部氏の解説を要約して引用してみましょう。

二〇世紀の旧社会主義国の経験は、貨幣を廃棄することができないことを教えています。

それと同じ意味で、閉じたコミュニティにおける、言葉のない透明なコミュニケーションを確立したいという願望は間違いです。貨幣を捨てられないように、言語を廃棄することはできない。むしろ言語こそが、自己と他者のコミュニケーションを可能にする、不可欠な媒体なのです。貨幣もまた「交通」のための不可欠なメディアです。貨幣によってわれわれは自由な個人として自律することができる。しかし、従来の貨幣によって開かれる自由とは、消費者あるいは投資家として経済的意思決定を行うための自由でしかありません。それを越えて真の自由を手にするためには、経済的かつ倫理的な側面を併せ持つような貨幣、すなわち地域通貨が必要なのです。

ここで臨床に視点を移しましょう。いまや、多くの家族が、不自然な形で閉じた共同体を形成するに至っています。そこでは、さまざまな意図や希望は会話を介さずに伝達され、コミュニケーションはきわめて貧しいものになりがちです。そこはいうなれば、文脈だけがあって分節がないような、のっぺりとした密室と化してしまう。このような空間においても、最低限の個人の自律性と自由を確保するためには、やはり会話による言葉の賦活化が欠かせないでしょう。そして私はいまや、これに加えて「家庭内地域通貨」の導入を考えてみようというのです。

繰り返しますが、私の理念は、西部氏のそれにほぼ全面的に負っています。それゆえ、最終的な運用のモデルとしては、当然のことながらLETS的なもの、あるいはLETS

そのものを目指すことになるでしょう。だから、ＬＥＴＳについての解説や理念については、西部論文なりそのほかの解説書を参照していただきたい。ただし、さしあたっては私個人の試みに限定されるため、諸般の制約からＬＥＴＳの理念とは若干異なった運用形態からはじめることになります。

通貨の単位は仮に「１Ｈ」とします。もちろんＨ＝「ひきこもり」というわけです。withdrawの「１Ｗ」も考えましたが、発音しにくいのでやめました。「Ｈ」はコミュニケーションのための道具です。流通の範囲はとりあえずは家庭内、しかし将来的には、ひきこもり当事者、その家族、支援者、治療者を含む人々からなるネットワーク展開を考えています。本来なら新しい治療の試みについては、まず臨床場面で実施してみて、その有効性についてじっくりと検証した上で論文化するというのがスジですね。でも、これは実証的な報告ではありません。現時点では、まったく思弁的なプランにすぎないのです。私はものぐさな上に臆病な人間なので、あまり変わった治療に手を出したくないというところがある。日頃から「理論は過激に、臨床は素朴に」をモットーにしているくらいです。だから、これから実践するかどうかもわかりません。でも、思考実験として、ちょっとつきつめて考えておく価値はあると思うし、万が一賛同者が多ければ、実践のほうに傾くかもしれません。

さて、「Ｈ」はさしあたり、紙幣の形態をとることになるでしょう。将来的には帳簿や通帳の併用も考えたいのですが、暫定的には紙幣型の簡便さが望ましいでしょう。

LETSの「同意」、「無利子」、「共有」、「情報公開」という四原則は、ここでも可能な限り生かされます。ただ後述するとおり、「同意」については完全な実施は難しいかもしれません。「無利子」というのは口座の正負いずれの残高にも利子がつかないということ、「共有」とはLETSのサポートサービスを参加者の誰かが非営利のコストベースで行い、そのコストを全参加者が共同で負担することです。「情報公開」は、参加者が取引に際して他の参加者の取引や口座残高の情報を参照できることを保障するものです。

通貨の発行元はさしあたり私という一個人です。この点は、本来のLETSの理念とは異なるところですね。権限の独占を防ぐため、さしあたり私個人は、この通貨を使用できないことになります。では、どのようにして通貨を支給するか。

たとえば私の診察を受けると、自費診療の場合、一回につき五〇〇〇円ほどの診察料になります。その代わりといってはなんですが、私から家族に診察を受けてくれた報酬として「5000H」を支給します。これ以外にも、講演会に参加した場合は2000H、ロフトプラスワンのイベントなら1000H、著書を買ってくれた人には定価と同数のH、という具合に、家族の社会参加に対する報酬として支払われることになります。ただし、この通貨は私個人は使用できないと同様に、私個人が提供するサービスについても、さしあたりは使用できません。たとえば5000H支払うから診察してほしいと言われても、それは当分の間、無理ということになるでしょう。

さて、支給された「H」が、ネットワーク上で使用される場合については、ほぼ通常の地域通貨と一緒ですから、こちらは後回しとしましょう。問題は家庭で使用される場合についてです。家族や本人がこの治療法、というか運動に積極的に参加されている場合なら、別に問題はありません。難しいのは、本人が家族や、あるいは治療そのものを拒否している場合です。この場合、どう考えるべきでしょうか。

そこでまず考えていただきたいのは、親子関係についても、いったん別の角度から見直す必要がある、ということです。たしかに同居している限り、親が働か（け）ない子を扶養する義務はありますが、しかしだからといって、それまでの保護し保護される関係を、曖昧なままなんとなく継続していくことは望ましくないと私は考えます。これは主として「公正さ」という視点に立った発想です。

具体的には、親子関係においても、一種の契約関係を導入することを提案したいのです。ただし、経済力のない本人との間で、通常の意味での契約関係は成立しにくい。そこで、家庭内地域通貨の導入が意味を持つのです。後で述べるように、「H」は労働のみならず、本人のコンディションと家族との関係性にもとづいて、さまざまな日常的活動を数量化する上で有用な単位です。つまり、本人のハンデを前提とした上で、親子関係においてもかなりフェアな契約関係を結ぶことが可能になるのです。

ただし、この契約関係は、過去に遡ることはありません。たとえば、本人はこうした契約関係に反発して、こんなふうに言うかもしれません。「子どもをひきこもりに追いやった責任はどうとるつもりか」と。しかし私は、そうした「責任」は存在しないと考えます。少なくとも、子どもをこのように育てれば確実に「ひきこもり」になるという確たる根拠が存在すること、これが責任を問うための最低限の前提でしょう。しかし、そのような前提が存在しない以上、故意にせよ過失であったにせよ、「責任」を問うことはできません。「この不適応は母親の養育に帰責可能である」という、一種の俗流心理学的な常識が蔓延した結果、いまやこの種の責任概念が、ひどく曖昧な形で流通しています。私が「通貨」の導入によって問いたいことの一つは、まさにこの「責任の問題」についてなのです。

ここで両親は意を決して、本人に対して静かに告げることになるでしょう。「これからも親子であるために、これからの私たちの関係を見直しましょう」と。そして提案します。「もうあなたの面倒を当然のようにみることはできない。もし今後も同居しつつ経済的に私たちの援助に依存していくつもりがあるなら、これから話す提案を受け入れてほしい」。そしていよいよ、家庭内地域通貨の説明をはじめます。これは書面を用意しておいて、それを示してもいいでしょう。本人がなかなか渋って受け入れないようなら、何度でも、粘り強く説明を試みてみることをお勧めします。本人を脅迫したり強制したりしない限り、この提案が本人を傷つけることは、まずないはずです。ただし、ある程度は会話などが可能な関係性が成立してからでなければ、こうした話し合いはほとんど実りがないものになると思います。その意味で、下準備を十分に行ってから交渉にはいることが望ましいでしょう。

もちろん、そのような人工的で不自然な関係には抵抗がある方もおられるでしょう。しかしひきこもりの治療は、自明とされてきた慣例や習慣にメスを入れなければ、結局は何も変わらないのです。勇気を持って、試みてほしいと思います。

もし本人が提案を受け入れるようであれば、システムについて説明します。くわしいシステムについては今回は書き切れませんでしたが、どのような家庭内サービスに対して、どの程度の対価を支払うか、ということについては、あくまでも本人との話し合いをベースにしてその細目を決定することになるでしょう。

このサービス対価については、あくまでも各家庭ごとに、できるだけ話し合いによって決定します。また、どの項目からサービスと考えるかについても、それぞれの家庭ごとに異なることでしょう。いずれにしても、家族による食事の支度、洗濯、部屋の掃除、それぞれが有償のサービスとして見直されることになります。できれば本人に対価を決定させたいところですが、渋るようなら、私が用意したコースメニューを応用してみるのもいいでしょう。もちろん、本人が家族のためにする行為にも対価が生じます。本人に食器洗いや洗濯物の取り込みを頼んだ場合、宅配便の受け取り、電話番、セールスの断りなどをやっておいてくれた場合、それぞれにさしあたりの報酬を設定します。

また、症状によっては難易度の高い行為をした場合にも対価を支払うことを考えるべきでしょうね。強迫症状のためになかなか入浴できない人なら、入浴一回につき200H支払うなど。ほかにも苦手な行為としては、外出すること、通院することなども含めてよい。ここで重要なことは、行為は行為そのものによって評価が一律に決まるのではなく、行為の主体との組み合わせで評価されるということです。ひきこもっている本人にとって、日常的な行動の中にも苦手科目はいろいろあります。そうしたものについては、苦手意識をはっきり持ち、克服の意志を固めるためにも、報酬は高めに設定しておくべきです。

症状に対して高額の報酬を払っていたのでは、治療の意欲がそがれてしまうとお考えでしょうか。なるほど、その可能性がまったくないとはいいません。しかし私は、ひきこもり青年たちが、そうした特権を甘んじて受けるとは思えないのです。むしろそれを屈辱的に感じる可能性のほうが高い。しかし、親はそれを馬鹿にしたり恥をかかせようとしているわけではありませんから、その怒りは親へは向かいません。ハンデを価値に変換し、価値を享受させると同時に、享受することの屈辱をも享受させるということ。そう、家庭内地域通貨とは、家族関係の中で生じやすい両価的な感情を一元化して処理しやすくする可能性を秘めているとは言えないでしょうか。

行為の評価は本当にさまざまでかまいません。たとえば親子関係が断絶している場合、報酬を払うべき行為がまったくなされず、マイナスが積み重なってしまいかねません。そういう場合は、たとえば「生きて、存在してくれているだけで毎週1000H支払う」という設定もあり得ます。会話が何年も途絶えている場合は「口を利いてくれるだけで1000H」です。こうした設定をすることで、何もサービス行為を行えない本人に対しても、報酬を与えながら地域通貨システムに参入するチャンスをもたらすことができるのです。

家族への迷惑行為についても、こうした通貨で対応できます。騒音をたてたり、暴力を振るったりといった迷惑行為に及んだ場合、家族はその行為を通貨に換算して、帳簿にマイナスを記入するのです。もちろんこれとは逆に、家族が本人に対して傷つけるような振る舞いをした場合には、家族の帳簿にマイナスが記載されます。そう、「家庭内地域通貨」は、本人のみならず、家族もみずからの行為を客観的に反省する機会をもたらすことになるでしょう。

冒頭で述べたとおり、家庭内地域通貨の意義は「コミュニケーションの数量化」ということにあります。家族間のコミュニケーションは、ほっておくと、しばしば曖昧化してしまいがちです。家族は一定のコンテクストを共有しつつも、その中でコミュニケーションを分節できない。あらゆる「意味」が、分節とコンテクストの相互作用から析出してくるとすれば、ひきこもりの家庭内では、もはや意味のあるコミュニケーションは生じなくなっている。

しかし会話が困難であっても、通貨が介在することで、コミュニケーションにはっきりした分節をもたらすことが可能になります。同時に、勘ぐりや被害妄想の温床となりやすい両価性を、ごく低いレベルに止めておくことができるのです。だから、理想的な通貨の運用がなされれば、そこには否応なしに有意味なコミュニケーションの水路が開かれ、それはさらなる会話につながっていくことになるでしょう。なんといっても、会話こそがもっとも治療的なコミュニケーションなのですから。

ここではアースデイマネーの試みなどに触発されて、かなり夢物語に近いような理論を展開してしまいました。具体的な運用についてはまだまだ述べておくべきことはあるのですが、それはまた別の機会に。

※以上の文章を雑誌『広告』(二〇〇一年一二月)で発表した後で、『「ひきこもり」だった僕から』(講談社)の著者、上山和樹さんと知り合う機会がありました。驚いたことに、上山さんは、私が地域通貨の応用を思いつく以前から、このシステムに関心を持ち、(ここが私とは違うところですが)LETSゲームなどの形で実践に取り組んできたということでした。そういうわけで、この発想については、上山さんにプライオリティがあることを

まずお断りしておきます。ただ、地域通貨をどのように応用するかについては、私と上山さんとでは、かなり隔たりがあります。そこで私は、以上の文章を上山さんに読んでもらい、もと当事者としてどのように感じたかについて、率直な意見を求めました。以下、彼の論点を私なりにまとめて紹介しましょう。

上山和樹さんからの手紙

「ひきこもり」にとっての、「別種の決済システム」の重要性

◎ゲームの現場

私が立ち上げに関わった地域通貨『キョートレッツ』は、二〇〇〇年六月から二〇〇一年一月の正式発足までの準備期間に、毎月「LETSゲーム」と称して、二〇人程度の参加者で体験ゲームを開催していました。いつも、ほとんど初体験の人ばかりでしたが、毎回非常に盛り上がりました。

初対面同士で重苦しかった雰囲気が、LETSゲームが始まったとたんに一変します。みんな信じられないような旺盛さで会話を交わし、まさに「コミュニケーション」が始まるのです。それも、いきなり自分の生い立ちから説明するようなコアな会話を、実に楽しそうにしている。私はそれ以後も、個人的にお招きいただいた場で何度も「LETSゲーム」を開いてきましたが、たった七人でやった時から、一九〇人でやった時まで、一度も「失敗した」ことがありま

せん。小学生からお年寄りまで、年齢も職業も関係なく、またひきこもり当事者の集まりでもやったことがあるのですが、ゲームが始まった途端、みんな嬉々として「交渉・取り引き」を楽しんでいました。おそらく、これは誰がやっても同じ結果になるはずです。こうなると、LETSという決済システムのメカニズムそのものに、何か力が秘められているとしか考えられません。

このゲームには、赤字になると逆にワクワクするような、普通のお金とはまったく違う心理体験があります。何かよくわからない「コミュニケーション促進」の効果がある。地域通貨では「値段を自分で（交渉して）決められる」という積極的な社会参加、あるいは社会行為ができるわけで、これもコミュニケーション・チャンスになっているわけです。これまで決済の対象にならなかったアレコレが、ちゃんと数値化されて決済のフォーマットに乗ること。あるいは、評価を数値化してドライに物質化することには、泥沼化しやすい人間関係に切断線を入れる意味もあります。「貸し・借り」の関係が明確化し、「値段」の交渉は、そのままお互いの人間関係を再考察する機会になります。

◎地域通貨の意義

この点で、斎藤さんがイデオロギーや精神論ではなく、「地域通貨」という社会工学――そこで問題になるのは、「工学的設計図」だけです――に注目されたのは、素晴らしいことだと思います。私は、この「新しい決済システムの設計図」が、ひきこもり問題にとって重要な選択肢の一つであるように思えてなりません。

LETSはもともとカナダの一市民が考案したものであり、日本特有とも言われる「ひきこもり」については、日本というフィールド独自の問題として考える必要もあるかもしれませんが、私は、LETSには人種や文化に左右されない、普遍的な有効性があると思っています。

私が興味を持つのは、あくまでも「新しい決済の〝設計図〟」です。その意味において、私はGETS（ネット上のLETS）開発者である鈴木健氏らが提案するPICSY（http://www.picsy.org/）にも関心があります。ただ、さしあたりLETSがいちばん簡単でお手軽なので、それしかやったことがありませんが。

それではなぜ、「決済システムの設計図」なのでしょう？　そこに、対人環境を整備する決定的な要因があると考えるからです。決済制度が変われば、人間関係は変わる。労働への取り組み方も変わる。「利益追求」を最優先課題とする会社組織における人間関係と、LETS型決済システムにおける人間関係は、明らかに性格が違います。

◎〈貨幣〉へのおそれ

実は私は、「円」という通貨がたいへん怖い。その理由は自分でもよくわかっていませんが、いくつか思い当たることがあります。まず、「値段を決める交渉に自分がまったくタッチできない」こと。「決済」が成就する瞬間は、実は「人が人に関わる」瞬間でもありますが、その瞬間が「自動販売機にコインを入れる」ようなものでしかなかったとしたらどうでしょう？　規定額のコインを入れないと何も相手にしてもらえない、そういう人間関係の体験しかなかったとしたら？　国民通貨を決済手段とする売買行為は、実は「自動販売機を相手にしている」だけではないでしょうか。

恐怖のもう一つの理由は、「お金をもらう前提でする労働」です。ここにおいて、私の強迫的な完璧主義がもっとも先鋭化された形で顔を出します。それは、「完全にやらないと、何をされるかわからない」という、恐怖に裏づけられた完璧主義です。自己への関係を想像的にしか反復できなくなっている人間にとって、「カネをもらう」前提で労働に従事するのは、常に苦役に従事させられるようなものです。時間軸に従って象徴的に自己を解体し、作業に従事せねばならない局面でさえ、私は想像的自己像の温存に完全に心を奪われ忙殺され、そのことだけでヘトヘトになってしまいます。この「想像的反復」を私に刷り込んだメカニズムには、決済システムの設計図の問題が絡んでいないでしょうか。

ここに関係があると思われる理論的テーマは、マルクスが「資本主義」の根幹をなすメカニズムであるとする「客体的労働条件と主体的労働力の分離」です。そのメカニズムにおいて、私はあらゆる客体的労働条件から分離された主体的労働力であって、「生きた労働力商品」として売買され、一部品として客体的労働条件に従事させられます。私は逆らうことを許されない、「間違う」ことを許されない「一部品」でしかない。このことが、私の「お金」への恐怖に直結していないか。

しかし、LETSは怖くありません。私に「決済への恐怖」を感じさせないというだけでも、このシステムには大きな可能性が潜在していると言えないでしょうか。

◎地域通貨のタイプ

さて、斎藤さんのアイディアについて、具体的に検証してみます。

地域通貨には以下の3タイプがあると言われています。

(1)発券型——ふつうに「オモチャのお金」

みたいなものを発行し、流通させる
(2)口座型――LETS。口座残高の上下のみによる決済
(3)振り出し型――最初に振り出した本人に戻ってくるまで、券が流通する

ひきこもり問題にどれを採用するかについては、TPOに応じて使い分ければいいと思います。ちなみに坂本龍一氏の「code」は、最初は(2)のGETSを採用予定でしたが、現在は(3)を採用しているようです。このように、あるタイプで実際にやってみて不具合を感じたら、他のタイプに変えてみればいい。

発券型通貨の発行元を斎藤さんにすることについては、LETS型に備わっている特有のメリットは享受できませんが、「斎藤さんの指導のもとにやっているプログラム」ということであるなら、「斎藤貨幣」ということでいいかもしれませんね。

通貨の単位として、『キョートレッツ』では「最もニュートラルに語れる」ということで、「ポイント」を採用しています。私もLETSゲームをするときには、いつも「ポイント」でやっています。もし通貨単位を「1H」にすると、「ひきこもり」という言葉自体を拒絶している、その拒絶によってかろうじて自分を保っている人は乗ってこないのではないでしょうか。

◎苦痛への支払い

「自分が困難を感じていることをすると高額の収入になる」というのは、良いアイディアだと思いました。本人が、自分の苦しみを認めてもらっていることになるからです。「お金をもらう」のは、「ある苦痛を、誰かのために引き受けた」ことによるものなのだと考えれば、これは順当な発想ではないでしょうか。

「自分が苦痛を感じることをすると高額の支払いを受ける」というのは、自分の感じている苦痛を我慢することが「誰かのためになる」ということです。これは、「自分がちゃんとせねば馬鹿にされる」という理由で「我慢する」のとは、決定的に違います。

私たちが社会の規範に従うとき、あるいはひきこもり当事者が、彼らに特有のさまざまの困難を我慢するとき、「それをせねば自分が排除されるから」我慢しているわけです。つまり何か目に見えない「他者の目」に進んで隷従させられるような、非常に屈従的な我慢です。しかしもし「苦痛を我慢すること自体で支払いを受ける」とすれば、「我慢する」こと自体が〈他者〉によって欲望されるという形式に変換されるわけで、これは非常に大きな違いではないでしょうか。

◎家庭内への導入

「家族内において自分はある一定数量の評価を実体化できている」という実感を得るためには、「家族内への地域通貨の導入」は意味があるように思えます。「通貨導入によって責任を問いたい」というのであれば、おそらくまず当事者からは、親に対して「1億H払え」ということもあり得ます。しかし、それでも「参加した」ことにはなるので、無意味ではないのではないか。

ただし、この「決済を導入するというアイディア」そのものに本人が乗ってこないほどコミュニケーションがこじれている場合には、無理だと思います。私がLETSに取り組んでいて感じるジレンマも、その辺にあります。なかには「地域通貨はそもそもひきこもりに向かない」と言う方もいらっしゃる。

「契約関係」というのはたしかに重要な発想だ

と思いますが、「契約」というのは欲望を持つ人間同士の合意であるはず。ひきこもりでは本人も親の世話になることを望んでおらず、そもそも生きていきたいのかさえわからなくなっているので、これを解きほぐすコミュニケーションは本当に難しいものだと思います。

むしろここで肝腎なのは、「出て行きたい」と思えるほど魅惑的な対象に、あるいはその可能性に、出会えることではないでしょうか。この点、斎藤さんの「家族内通貨」の提案は、家族内のコミュニケーションの数値化という点では意味がありますが、「稼ぐ」ことに絡みつくはずの魅力的要因が見つけにくいので、そもそも興味を持ってもらえるかどうか。参加動機をどのように作り出してゆくか——地域通貨導入に際しては、いつでもこれが大きな問題となります。

◎動機づけの困難さ

取り引きや交渉自体に喜びを見出せればいいのですが、ふつうは「その通貨を使用することで手に入るもの」に魅力がないと、通貨を稼ぐモチベーションが生まれません。

たとえばアメリカの「イサカ・アワー」という発券型地域通貨が非常に成功したのは、大変おいしいパンを作れるパン屋さんが中心的に協力してくれたおかげでした。「イサカ・アワーを稼ぐと、あのパンを買える」。そういう「魅惑的な商品」、つまり「その地域通貨に参加していないと手に入らないプレミア的な何か」があると、その地域通貨は飛躍的に成長します。また、日本では東大阪市の成功例があります。共稼ぎの夫婦が多いため、互いの空き時間を利用してベビーシッターを引き受け合う目的で、紙幣型の地域通貨を利用していますが、すでに参加者は二〇〇名ほどに膨れあがっているといいます。こうした形で、地域通貨は「実際に生活に助けになる」互助関係のツールとして機能することが求められるわけです。

ひきこもり当事者は、実は「社会の役に立ちたい」「誰かの役に立ちたい」という気持ちを強く持っていることが多い。それゆえ「家族内」だけでなく、「実際に外の第三者との互助的関係」が絡むのがいいのかも。「自分も役立てるかもしれない」というのは、大変な「モチベーション」だからです。

「新しい決済システム」というアイディアの本当の醍醐味は、事前に予想されるものではなく、「参加して初めてわかる」ものなのかもしれません。これは「説教によってひきこもりを治す」といった不毛さから抜け出すためにも、重要な点だと思います。欲望や動機は「教える」ことも「与える」こともできず、人は「いつの間にか望んでいた」という形でしか自分の欲望を本物と自覚することができないわけですが、ひきこもりにおいては、この「本物の欲望」こそがカギであり、そしていちばん難しい点ではないか。

「欲望」という点から考えるなら、LETSゲームが事実上「合コンパーティ」(笑)であることも述べておいたほうがよいでしょうね。単なる「立食パーティ」ではなかなか異性には声がかけづらい人も、「経済取引」の前提でなら、気軽に声をかけられるし、初対面でもいきなりコアな会話が開始できます。LETSゲームの「できます・してほしい」シートは、そのままで実は「自己紹介シート」であり、自分の欲望と能力に直面するチャンスなのです(それゆえ皆さん、実はこのシートを書くのに大変苦労されるのですが)。この自分が、決済システムを通じて異性のために何かしてあげることができた、あるいはその可能性がある、というのは無上の喜びであり、大変なモチベーションになるのではないでしょうか。

◎「ひきこもり」と決済

なぜ、「ひきこもり」にとって、こうした「新しい決済手段」が決定的な重要性を持つと思えるのか。以下、私の「決済」に関する考え方を簡単に述べてみます。

「決済」の問題は、単に経済的理念であるだけでなく、「人間的貸し借り」の問題でもあると思います。現代思想の領域（デリダなど）でも「決済」という問題は論じられていたと思いますが、この問題はもう少し広く深く、そして具体的に論じる必要があると痛感しています。「働かざるもの食うべからず」まで含めて、実は「ひきこもり」の問題は、あらゆる意味において「決済」の問題ではないでしょうか。ひきこもり当事者は、対人関係における「理不尽さ」に悩み怒っている場合が多いのですが、これは実は「人間的決済」が済んでいない、という問題だと思います。このように、対人関係を決済の問題に置き換えてみると、いろいろなことが見えてくるように思います。

トラウマとは、「決済不可能な経験」です。外出恐怖には、そういう「決済不可能な経験」の可能性に怯えている面が確実にあります。受け取りと返済についての「決済」が、どうにも滞ってしまって糞詰まり状況にあるのが「ひきこもり」である、とは言えないでしょうか。ひきこもりの苦しさは、「返済し・受け取る方法がわからない」ということではないか？「高すぎるプライド」は、返済方法の一切を失った人間が、「返したことにする」という幻想的自己救済では？　あるいは、世間一般がひきこもり当事者たちに向けて為す罵倒は、基本的に

「お前らも返せよ！」ということではないでしょうか（ただし不思議なのは、ひきこもりを罵倒する人たちは「本当に恵まれている大金持ちの子ども」に対してはとても寛大だということです。親の金で生きていることに変わりはないのに）。

そう考えると、たとえば母親のしてくれる洗濯等の家事労働にも「支払わねばならない」としたら、これは最初はやはり単なる「説教」みたいな話に受け取られるかもしれません。「おまえは〈してもらっている〉のだから、返済せねばならない」というわけです。しかし、この「決済」関係に参加することを通じて、徐々に「返済」方法を覚え、他者との関係において最も根源的な原理の一つである「決済」という関係を学ぶとしたら、これは決定的な体験ではないか。もし、それが可能になれば、家庭内であっても「社会参加」の一歩を踏み出すことが可能になるかもしれません。「決済」とは、定義上「自分以外の誰か（何か）との関係」なのですから。

最後に、地域通貨を利用するに際しての、私なりの懸念を述べておきたいと思います。ご多分に漏れず「派閥」というつまらない話が、地域通貨にもまとわりつくことがあります。これに限らず、地域通貨には、「前近代的な閉じた共同体を復活させる」危険も潜んでいるのです。ひきこもり当事者にはこうした「派閥」的要因（というか、閉鎖な共同体的関係）が苦手な人間が非常に多い。これからシステムを構築する際には、この点に十分な配慮をして、できる限り透明かつニュートラルな設計を工夫する必要があると思います。

地域通貨の醍醐味には、「複数の決済制度への所属」というテーマが決定的に存在します。これは、先の「派閥」的なものに取り込まれないためが一つ。もう一つは、評価される機会が複数軸で存在する、ということです。ひきこもり当事者は、あまりに感情的に「もつれて」いるので、自分や周囲への評価軸をあまりに硬直した形で「一本」しか持っていないことが多い。

これが、自分を客観視することを妨げています。「自分を評価する軸を複数持っている」のは、自分を多角的な視点から、客観的に評価するのに役立つのではないでしょうか。

上山和樹　様

たいへん明解な説明をありがとう。勉強になりました。私はこのところ治療関係において何がフェアであるか、という問題に関心があったので、関係や葛藤を決済に置き換えるというアイディアは大変興味深く感じました。

ラカン的な言い回しなら、人間はすべて象徴界に負債を負っていることになります。人間は語り続けることによって、その負債を返済し続けることしかできない。トラウマが決済不能というのはまさにそのとおりで、その意味ではあらゆる「欲望」とは決済したい欲望なのだ、と読み替えることもできるでしょうね。

不安神経症は、唐突に突きつけられるかもしれない請求書におびえ、強迫神経症は未決済の残高を知ろうとして血眼になる。そのように考えるなら、PTSDは、現実的な負債（トラウマ）が、象徴界（銀行）ではなく、想像界（サラ金）からの暴力的取り立てに繰り返しあっているような状況でしょうか。象徴界を通じての「正規な取り立て」には腹も立たないが、曖昧で暴力的で不正確なサラ金の取り立てには、当方も思わず逆ギレという「怒り」もありかもしれませんね。ACというのは、こうした不正な取り立てに対する異議申し立て運動ととれないこともない。面白いですね。この「決済モデル」はそれなりに有効性があると思います。

ただ、上山さんに考えてみてほしいことは、やはり性と、さらに言えば愛の問題です。性愛を決済システムに乗せてしまうと、「売春」との境界線が見えにくくなりますね。しかし、あらゆる性関係は売春である、といった七〇年代的な言説はもう無効でしょう。そういう語り口には、なんらかの限界があるように思います。性愛においては、決済がどうでもよくなる瞬間があり得る。これは人間性が本質的にはらむ過剰さの問題とも並行するでしょう。まさにラカン的に、象徴界（決済システム）には、性関係は存在しない、と言い切ってしまうか。こうした性を語り得る決済システムが想定できれば、精神分析は完全にお払い箱にできるかもしれません。

それとLETSには「萌え」が必要だと思います（いきなり！）。オタクとLETSを結びつけられれば、一挙に数十万単位の地域通貨共同体が潜在的に発生しますね。どうやればいいかは、皆目見当がつきませんが。

「対話」の媒介され難い無意味さについて

家族療法、というほどのものではありませんが、「家族指導」の一環として、私は家族間の会話を最大限に重視します。しばしば「会話以外はコミュニケーションの名に値しない」といった極論を口にするほどです。「会話以外」のコミュニケーションとしては、電話、手紙、メール、メモなどのほか、言語以外の手段によるもの、すなわち、身振りや行動によるコミュニケーションがあります。こちらももちろん、好ましくないものとして斥けられます。

なぜ好ましくないのか。一言で言えば、会話以外の手段を前面に出すと、どうもそれ以上の治療的な変化が起こりにくいからです。ただ、これはさしあたり、経験論的な話であって、医学的な根拠があるわけではない。しかし私は、この自説をほとんど確信しています。それは、人間のあらゆる「コミュニケーション」形式中で、対面式の会話以上に豊かで謎めいたものが他にないからでもあります。

もちろん、会話さえできればなんでもいい、というものでもありません。逆に、その会話がコミュニケーションの名に値するためには、いくつかの条件が必要となります。まず一つは「相互性」です。やさしく言えば、言葉のキャッチボールです。相手の言葉に耳を傾け、理解し、記憶し、応答すること、その繰り返しです。もう一つ、忘れてはならないこと、それは「コミュニケーションを通じて、送り手と受け手の双方が変化する」ということです。別にそれが、必ずしも劇的な変化である必要はないのですが、コミュニケーションの最大の機能は、こうした「相互性」と「双方の変化」にその本質があると、私はつねづね考えていました。

たとえば「しつけ」はコミュニケーションではありません。親から子への一方的な伝達、さらに言えば親自身は変化せずに子どもだけを変化させようという「押しつけ」です。だから「しつけ」はダメだ、という話ではなく、ただあまりにも多くの親子関係が、こうした「しつけ」の不毛さに気づかずにいるように思えるのです。

ここまで述べてきたことは、実は柄谷行人氏がかねてから主張していることに関係があります。たとえば、次のような言葉。

われわれが他者との対話において、いつでもどこかで通じ合わない領域をもつことは、一般的にいえることだ。その場合、よりよく互いに理解しようとするならば、相手に問いただされねばならず、あるいは相手に教えなければならない。いいかえると、それは「教える—学ぶ」関係に立つということである。共通の規則があるとしたら、それは「教える—学ぶ」関係のあとにしかない。
（柄谷行人『探求Ⅰ』講談社学術文庫）

そう、あの、あまりにも有名な「教える—学ぶ」関係ですね。これこそがコミュニケーションの基礎であると、柄谷氏は指摘します。そして、共通のルールを自明の前提とする対話は、モノローグと変わらないものとみなされます。

対話は、言語ゲームを共有しない者との間にのみある、そして、他者とは、自分と言語ゲームを共有しない者のことでなければならない。そのような他者との関係は非対称的である。「教える」立場に立つということは、いいかえれば、他者を、あるいは他者の他者性を前提することである。
（同前）

私がつねづね主張しているように、コンピュータには、この意味での「対話」ができません。コミュニケーション、すなわち「情報の移動」はもちろん容易にできますが、もっと言えば、それは容易すぎ、速やかすぎるのです。接続された二台のコンピュータは、一台のコンピュータと原理的に区別がつきません。つまりそこには、正確きわまりないモノローグの世界が展開するのみ、ということになります。
おわかりのように、会話の本質もここにあります。理想的な会話、それは学習の連続と言い得るからです。かつて私は、ベイトソンの学習理論を用いて、コミュニケーションを定式化しようと試みたことがありますが、その際重要なことは「学習」も「コミュニケーション」も、コンテクスト的なものである、という点でした。ここでいう狭義の、つまり「情報の移動」ではないほうのコミュニケーションとは、とりもなおさず、コンテクストの生成であり、その学習にほかなりません。そして、対話のコンテクストは、媒介物が少ないほど、流動的でとりとめのないものになりがちです。言い換えるなら、高度の学習能力を要する、ということになります。

私たちはよく、会話が成立しない場合に「話題がないから」と言い訳します。しかし実は「話題」を問題にする人ほど、コミュニケーションに苦手意識を持っていることが多いのです。拙著『若者のすべて』でも取り上げたことですが、ここに登場する元気な高校生たちの会話は、実に面白い。それは、内容の面白さではありません。むしろ内容がない、つまり情報量がきわめて低いにもかかわらず、面白いのです。彼らの対話テクニックにおいては「話題」はもはや、問題にならないかのようです。そして、コミュニケーション能力の本質も、実はこちらにあると私は考えます。そう、「無意味な会話をどれだけ続けられるか」ということです。

おそらく会話の生命は、この「無意味な部分」によって支えられているのでしょう。その典型的な例は「挨拶」です。挨拶は情報量がほぼゼロに等しい言葉ですが、それでもコミュニケーションのとっかかりとしてはきわめて重要な位置づけを担っています。もちろん挨拶を「敵意がない」というメタメッセージとして解釈したり、なんらかの行為遂行文として理解したりすることは、事後的には可能でしょう。その場合は、いくばくかの情報量を算定することも不可能ではありません。しかし、それらはやはり事後的解釈という限界を免れないのです。挨拶をする。そこにはじめて、対話の「コンテクスト」が生まれる。われわれの対話における「学習」とは、実はその部分、情報量ゼロのコンテクストを学習することによって、成立しているのではないでしょうか。神経症的な患者さんの一部がしきりに言う「雑談が苦手」という訴えは、まさに雑談の九〇％以上が無内容で、かつコンテクスト的なものであることによるのではないでしょうか。

対話における無意味なコンテクストこそが、対話を媒介するメディアにほかならないということ。たとえばM・マクルーハンの「メディアはメッセージである」という断定は、その限りにおいて正しいのです。ただし、より正確に言い直すならば「メディアは、無意味なメッセージである」ということになりますが。ちなみに、言葉はメディアではありません。言葉は、どのように用いられても、常に「内容」の側にあり続けます。そして、無意味さが生み出すコンテクストのもとで、はじめて意味を獲得するのです。私がしばしば「メディア論」の無効性を指摘するのは、主としてこちらの立場からです。あくまで個人的主張ですが、声・文字・画像がいかなる伝えられ方をしたとしても、本質的には対話以上の変化、ないし進歩は期待できないものと私は考えています。

もしメディア論に意味があるとするなら、われわれはなぜ、メディアを媒介とすることで貧困な対話に陥ってしまうのか、その点をこそ問題にすべきではないでしょうか。メディアの間接性は、しばしば人がインターフェイスから「学ぶ」必要があるという点に極まっています。言い換えるなら、コンピュータに習熟しなければ、インターネットは使用できない、ということです。

ここで、車の運転を例に取ってみましょう。農村部の精神病院に勤務していると、バスが一日に二本しか通らなかったりする関係上、外来患者さんの通院手段は必然的に自家用車ということになります。このため、精神分裂病（統合失調症）やうつ病の患者さんたちが、ごくごく普通に車で病院に乗りつけることになります。私は立場上、そういう話を聞く度に「運転は控えたほうが……」とはかない抵抗を試みていましたが、まったくムダでした。しかし不思議なことに、そして幸いなことに、彼らが事故を起こしたという話は、滅多に聞きませんでした。病院職員の事故の話は、はるかによく耳にしていましたが。ここだけの話、話をさせると支離滅裂になってしまうような患者さんですら、車を使って上手に〝徘徊〟していたものです。もちろん安全運転で。

このことから、私は以下のことに気づきました。まず、ある程度以上に重症の患者さんは、けっして運転をしようとしません。また、軽症の患者さんは運転はするけれども、その症状が運転のテクニックにほとんど影響しないのです。

精神障害者が刃物を振り回したというニュースはときおり耳にしますが、運転して人をひき殺したり傷害沙汰に及んだり、という話をあまり聞かないのは、このためもあるでしょう。もちろん、車は武器として効率が良くない。下手をすると自分が怪我をしてしまいます。精神障害者には免許を交付しないという制度がかつてありましたが、いまはほぼ有名無実化しています。私の考えでは、この傾向はある程度正当なものです。てんかん大発作が頻回に起こっているようなケースは別として、一般に精神障害者には、運転席に座ると一種の「正常化」の圧力がはたらくようなのです。

これがもし事実であるなら、かなり興味深いことです。ここで車を、「移動を媒介するメディア」としてとらえてみましょう。精神障害者は、日常での行動がいかに異常なものであっても、ひとたび車というメディアが行動（＝移動）を媒介すると、ごく自然に「正常化」が起こる。香山リカ氏はかつて、重い精神症状を抱えた患者さんが、テレビゲーム空間の中では正常に振る舞えることの奇妙さを指摘していましたが（『テレビゲームと癒し』岩波書店）、これもメディアの問題に絡んできます。

こうしたことは、もちろんインターネットについても同様で、精神障害者は滅多にネットには接続しないか、接続している人は、一般人と変わらない使い方をしている。この点は彼らから来たメールを読んでもわかります。対話の場面では異常性が目立つ人でも、それがメディアを介すると、まともにみえるものを書く。かつて中井久夫氏は、精神分裂病の人のいわゆる「分裂病くささ」はビデオを通らない（撮影されたものには写り込まない）と指摘しました。狂気はメディアを通らない。このことは、メディア論を考えていくうえでも、きわめて重大な示唆をもたらすでしょう。

メディアはどんな人にも一定の学習を強要します。それゆえ、メディアを介しての対話は、すでに一定の〝硬い〟コードを共有していることが前提になります。ここで「コード」と呼ばれるものには、メーラーの使用法から顔文字の使い方に至るまで、かなり幅広い要素が含まれています。そして、このことが、メディア上での「対話」をごくスムーズなものにしています。それが「正常化」ということでしょう。しかし見方を変えれば、そこでは何か決定的に重要かつ本質的なものが抜け落ちることになる。そう、たとえば「狂気」のような何かが。そして、狂気がはらまれるのは、まさに冒頭で指摘した「無意味の領域」において、なのです。

ベイトソンの言葉に翻案するなら、コードの学習は「学習Ⅰ」に分類されます。しかし、無意味なコンテクストの学習は、より高次の「学習Ⅱ」に相当します。ここで起こっていることは、低次の学習Ⅰが、高次の学習Ⅱを抑圧することです。私の考えでは、もしメディアに弊害があるとすれば、この「学習Ⅱの抑圧」にほぼ限定されます。そして、この弊害をふせぐためには、日常における対話の領域、とりわけその無意味さの領域を確保しておくよりほかに方法がありません。

すでに携帯電話をはじめとする有意味のメディアが、こうした無意味さの領域を浸食しつつあります。この時代における紋切り型の一つ、それは「会話であれ電話であれ、伝わる内容は一緒ではないか。ならば効率を優先しよう」というものでしょう。もちろん、そうした趨勢に逆らうことはできません。しかしそれでは、なぜ私たちはえんえんと無意味な長電話をしていたのでしょう。なぜストラップや着メロに趣向を凝らすのでしょう。なぜ徹夜してまでチャットに興ずるのでしょう。そうしたことの本質的な意味を知るためにも、この時代にいたってはじめて見いだされたに等しい「対話の無意味さ」、いうなれば「媒介され得ない無意味さ」の価値を、もう一度確認しておくべきではないでしょうか。

どれほどメディアが発達しても、私たちは永遠に「対話の無意味さ」を追求する存在であり続けるでしょう。それが動物化しきれない「語る存在」たる私たちの宿命なのです。メディアが発達するとすれば、それはこうした無意味さを、より柔軟に取り込んでいく方向以外に考えられないでしょう。そのときメディアは限りなく透明になり、無媒介的な対話そのものに接近するでしょう。高速、大容量、安価、そして無意味。それが私が考える、あるべきメディアの未来です。

『広告』二〇〇二年三月号（通巻三五一号）

「何もないこと」からの戦略

私が「ひきこもり」に関わるようになった最初のきっかけは、恩師である稲村博氏（故人）との出会いでした。よく誤解されていますが、「ひきこもり」はなにも、最近になって出現した問題ではありません。「ひきこもり」そのものは、一九七〇年代後半くらいから存在しています。私が医者になった当時も、それほど珍しいケースではありませんでした。稲村氏は当時、自殺者の研究から徐々に思春期問題へと軸足を移動しつつあり、大学病院での私たちの外来には不登校や家庭内暴力、非行の事例が、誇張ではなく全国から殺到していました。この外来で出会ったたくさんの青年たちの中に、いまでいう「ひきこもり」の青年が少なからず含まれていたのです。おそらく彼らが、精神科での治療対象となった、もっとも初期のひきこもり事例ということになるでしょう。当時彼らは暫定的に「アパシー」ないし「無気力症」などと呼ばれていました。

八〇年代において、「ひきこもり」に関して参照すべきいかなる資料も存在しませんでした。私は博士論文を「ひきこもり」で書いたのですが（正確には「遷延化した無気力状態」という表現でした）、文献の乏しいことで、ずいぶん苦労させられたものです。もっとも先行研究として、名古屋大学の笠原嘉先生による「スチューデント・アパシー」に関する重要な仕事を忘れるわけにはいきません。これは非常に有益なもので、論文作成中にも、かなり助けられました。

さて、八〇年代の後半に一つの象徴的な事件が起こります。私の所属する研究室が、あることをきっかけに、某学会からの厳しい糾弾を受けることになったのです。そもそもの事件の発端は、一つの新聞記事でした。『朝日新聞』のインタビューに稲村博氏が「不登校児は将来、無気力症になる」と答え、それが夕刊の第一面でセンセーショナルに報道されてしまったのです。これを読んだ多くの親がパニックを起こして相談に殺到し、当時われわれは学会などで随分叩かれました。たしかに稲村氏の表現は検証不足でもあり、誇張された不穏当なものだったと思います。その意味では、批判されて当然と言わざるを得ない。しかし、この事件が象徴的であったというには、別の理由もあります。すなわち、この騒動を一つの契機として、思春期問題全般における専門家間の対立の構図が、はっきりみえるようになったのです。

この対立は、多分にイデオロギー的な要素を含んでいました。たしかに八〇年代には、不登校というだけで入院治療の対象とするような風潮もまだあり、これはこれで大きな問題でした。その後人権派の尽力などもあって、精神保健法の改正が実現し、こうした状況は少なくともタテマエ上は改善の方向に向かいつつありました。私自身も、こうした流れには大いに期待していたものです。大熊一夫氏による『ルポ・精神病棟』（朝日文庫）は、医学生だった私にとってショックの大きい著作でしたが、私が医師になった当時、あるいは現在も一部の病院では、あの著作に描かれた状況は完全には過去のものになっていないからです。

しかしこのような風潮の中で、不登校児の存在は、一種の炭坑のカナリア的立場に立たされて来たのではなかったか。つまり、そのような政治的役割を過剰に担わされた可能性はないか。病んだ社会、病んだ教育の犠牲者として、あまりにも声高に不登校児は擁護されてこなかったか。私にはそのような疑問があります。たとえば「不登校は病気じゃない」というスローガンがある。なるほど、不登校は病気ではないし、病名ですらありません。しかし、このスローガンが見落としているものがあります。それは、不登校という状態が、多くの子どもたちにとっては不適応やなんらかの障害の重要な徴候であるという端的な事実です。たしかに、すべての不登校児が病気とはいえない。しかし、その不適応としての側面への目配りを忘れるべきではない。このあたりは理論と言うよりは、むしろバランス感覚の問題のようにも思います。

しかるに、こうした論調を支えた全共闘世代を中心とする一派は、不登校を徹底して擁護することに、みずからのイデオロギー的な主張を賭けていたとおぼしい。これは、あえてどぎつい言い方をするなら、子どもをダシにして政治的闘争を試みた、ということになります。いきおい、不登校から派生した現象、たとえば家庭内暴力やひきこもり（当時は「アパシー」などと言われていた）に対しても、こうした主張は飛び火します。この論調がもたらしたのは、家庭内暴力は甘んじて受けろ、とか、ひきこもりは治療すべきではない、などといった、いまにして思えばいささか珍妙な議論でした。彼らの主張はつまるところ、思春期に対する精神科医の二つの態度に帰結したように思います。すなわち、思春期に過剰な思い入れを持つ人権派と、思春期を扱うのは面倒だという無関心派です。いそいで注釈しておきますが、現在も思春期に冷静に関わっている専門家は数多く存在します。問題は、そうした専門家の存在があまりに一般には知られていないことです。

こうした状況がもたらした負の遺産とはなにか。たとえば家庭内暴力の問題もその一つでしょう。家庭内暴力がもとになった悲劇は、いまだに繰り返されている。最近では千葉県富里町で起こった子殺しの悲劇が、いまだ記憶に新しいところです。こうした親殺し、子殺しの事件には、もう二〇年以上もの歴史がある。しかし、なぜか事件の教訓が十分に生かされることはなかった。私はこれらの事件は、専門家による積極的な提言がなされれば、十分に予防可能であると考えています。しかし影響力のある専門家の誰一人として、家庭内暴力について、積極的で意味のある提言をしてこなかった。「ひきこもり」についても同様です。不登校が容認されすぎた結果、専門家はひきこもりにも手が出せなくなってしまった。かくして子どもたちは、みずから努力することなく、真空状態の自由を押しつけられたのです。真空の中で、彼らの自我は思うさま肥大し、同時に退行します。もはや彼らはみずからの努力で、そこから抜け出すことはできない。しかし専門家も、彼らに手をさしのべようとはしない。なぜなら彼らは「病気ではない」からです。私はこうしたことの積み重ねが、今日のひきこもり事例増加の一因であると考えています。

なぜこのような事態に至ってしまったのでしょうか。私にはその原因が、不登校擁護派の人々にあっては、不登校児はついに他者でしかなかったためではないか、と思われてなりません。なぜかれらは絶対的な擁護に走らざるを得なかったか。彼らが不登校児たちに、ついに共感することができなかったからではないか。こう考えるならば、なぜ彼らの思春期に関する言説が、一様に対象から距離をとった、リアリティに欠けた微温的なものにならざるを得ないのかという、その理由の一端がわかります。

なぜ全共闘世代以上の精神科医にとって、不登校を始めとする思春期事例は「他者」なのでしょうか。私は本稿で、あえて世代論を試みようと考えています。それというのも、私には、思春期というものの理解において、こうした「世代的なもの」が最も深く関与しているように思われてならないからです。

まず私たち自身の世代について考えてみましょう。三十代、もっと狭くとるなら、三十代後半から四十代前半までの世代は、ちょうど八〇年代初頭に「新人類」として扱われた経験を持っています。ちょうどこれと表裏をなすように出現した言葉に「おたく」があることも思い出しておきましょう。新人類が、他の世代から我々に負わされたいくぶん揶揄的なレッテルであるとすれば、「おたく」はわれわれの世代内部で生じた差別化の動きに対応するレッテルです。そうした違いや対立はあるものの、「新人類」と「おたく」には、奇妙な共通点がある。宮台真司氏が『制服少女たちの選択』（講談社）で述べているように、彼らは豊かな消費文化と発達したメディアが存在して、はじめて可能になった生き方なのです。宮台氏は「物語」をキーワードとして、この関係を明快に整理しています。すなわち、現実を回避して物語に逃げ込むおたくと、現実を物語として生きる新人類、ということになります。世代論として、この理論化は非常に納得のいくものです。

もちろん世代論という視点自体が想像的なものであり、幻想といってしまえばそれまでです。お望みなら、世代論など存在しない、と断言することも可能でしょう。しかし私たち精神科医が忘れるべきではないことは、人が病むときは、まずその幻想において病むのであり、幻想を否定するような「厳密さ」もまた、一つの症状であり得るという可能性のほうです。私は「ひきこもり」をもたらす幻想の構造が、多分に世代論的な視点から理解可能であると考えています。あえて世代論を試みるのには、そうした根拠があります。

よく指摘されるように、私たちの世代は、同世代であることを象徴するような現実の事件や体験を共有していません。せいぜい「共通一次」くらいのものでしょう。この世代は、いつでもそこに同一化可能であるような現実の体験、ないしは歴史的記憶を欠いている。

それゆえ、私たちが同世代であることを確認しようとするとき持ち出すことができるものは、アニメや特撮番組、あるいはポップスといった虚構体験くらいしかないのです。おそらくこうした経緯が、私たちのリアリティの感覚に、決定的な刻印をもたらしている。

共有可能な体験として、虚構作品の記憶しか存在しないということ。このことがもたらした帰結の一つとして、私たちが「虚構vs現実」という素朴な対立を信ずることができない、ということが挙げられます。私たちの連帯を可能にするのが、アニメや特撮といった虚構、さらに言えば、メカニズムの明らかな幻想であったという事実。このことが、私たちと物語とを、特異な関係で結んでしまったとは考えられないでしょうか。幻想のメカニズムを知ったとしても、幻想破りは起こらない。むしろ、幻想へのいっそうの没入を呼ぶとは、ジジェクも指摘するとおりです。私たちは、演技性やフェイクというものに対して、過剰に敏感な世代でもあります。

おたく的な視点とはたとえば、ハリウッド映画を観ながら、どこまでが実写でどこからがSFX、あるいはCGであるか、といった継ぎ目に過敏な視線です。こうした視点が出現し、ある程度ひろく共有されるようになったのも、おそらく私たちの世代以降です。これは単純に喜べることではありません。私たちは真贋の差異にはたしかに敏感になった。しかし同時に、フェイクをこのうえなく見事に演じきれる能力まで獲得してしまったのです。私は見事に、と書きましたが、その見事さは、本人にもその自覚がないほどに、という文脈で理解してください。

さて、話を「ひきこもり」に戻しましょう。私が「ひきこもり」の話題を世代論につなげたのには理由があります。私が指摘するような典型的な「ひきこもり」事例は、どうやら私たちの世代以降にかなり特異な現象なのではないか、と推定されるからです。もちろん「ひきこもり」に類する生き方は、かつての日本にも存在しました。しかし、現在推定で数十万人から一〇〇万人はいると言われるほどの一般化に至るには、世代的な飛躍があったとしか考えられません。経験的にも、私が現在診療している、あるいは治療を依頼された事例の中で、最年長にあたる年代が、ちょうど私たちと同じ世代にあたるのです。

「ひきこもり」をもたらす感性が、おたくや新人類を可能にした感性に等しいと仮定すること。このように考えるなら、私がひきこもり事例にこれほど深く関与するに至った経緯も、半ばは必然的なものだったと言うこともできるでしょう。私はほとんどのひきこもり事例に対して、かなり深く共感することができます。問題は、こうした共感能力が、医師としてのスキルの洗練によって起こったのではなく、ほぼ確実に、私が彼らと同世代であることによって可能になっているという点です。それでは私自身は、彼らといったい何を共有しているのでしょうか。

それはおそらく「自分には何もない」という感覚です。

良かれ悪しかれ、私たちと同世代の表現者には、とても器用な人が多い。ある種マニエリスティックと言ってもよいほど、私たちは器用な世代なのです。私自身は精神科医として『社会的ひきこもり』を書き、同時に『文脈病』（青土社）や『戦闘美少女の精神分析』（太田出版、現在ちくま文庫）といった思想とも評論ともつかない著作も書いている。こうした態度は、私にとっては一種の必然性のもとに選択されたものですが、上の世代からは「器用さ」「幅の広さ」として誤解されやすい。それでは、こうしたことを可能にしたものは何か。それが、現実の体験・記憶によって世代に同一化できないこと、という一種の不自由さではなかったでしょうか。自分を根拠づけるリアルな拠り所が何もないという確信が、私たちにカメレオン的な多様さを可能にしたのではないでしょうか。

しかしその一方で、こうした確信が不適応の形をも変えてしまう。その一つの典型が「ひきこもり」であったように、私には思えるのです。何もないがゆえに、さまざまな対象に器用に同一化できるのが適応の形であるなら、ひとたびそのような同一化に失敗すると、全面撤退するほかはなくなってしまう。これが「ひきこもり」なのではないでしょうか。このように考えるなら、私たちよりも上の世代の精神科医にとって、「ひきこもり」がどうしても理解不可能にみえてしまう理由もよくわかります。彼らは彼らで、みずからを根拠づける「実体験」に過剰に束縛されており、それゆえの不自由さを担わされているのです。

私は現在、精神科医のメーリングリストを主宰しています。この場所では、それぞれの立場を越えて、さまざまに興味深い議論が展開されています。このように私たちの世代は、党派性に閉じこもらず、容易に連帯しあえるという強みがある。これもまた、私たちには何もないという実感によるものなのかもしれません。しかし、こと精神医学に関しては、こうした実感にもとづく柔軟性や折衷性のほうに分があります。ある意味で、私たちの世代にいたってはじめて、通常の価値基準から自由な精神医学の議論が可能になるのかもしれません。その端緒の一つとして、「ひきこもり」が広く論じられることを、私は大いに期待しています。

『望星』編集部編『大事なことは「30代」に訊け!』東海教育研究所、二〇〇〇年一〇月

成熟のための二つの条件

現代社会では、これまで自明な価値を持っていたものが、次々とその価値を失っていきます。そもそも殺人の禁忌ですらもはや自明ではない時代、あらゆることが根源的な問いかけにさらされることになるのは、むしろ当然のことでしょう。「健康」とは何か。「父性」とは、「母性」とは、そして「倫理」とは何か。そして、いまもっとも見えにくくなっている概念として「成熟」があるように思います。

人間における成熟の難しさは、それが「こころ」と「からだ」で、きわめて乖離した形で起こることにもよるでしょう。生物的な成熟は、性的な成熟がすすみ、骨端が閉じて身長の伸びが止まる一八歳頃に完了する、ととりあえずは考えられます。ところが、心理的な成熟は、身体的成熟よりもずっと遅れて進みます。思春期とは、こうした成熟の度合いのずれがもっとも大きいため、さまざまな葛藤が起こりやすくなる時期と言うことができるでしょう。ここで取り上げるのは、もちろんこちらの心理的な成熟のほうです。

成熟の概念は、自我や自意識の問題と同様、近代の産物には違いありません。さらに言えば、これは「人間」を目的論的に理解した場合にのみ、必要とされる概念です。つまり、達成されるべき課題や、進歩するべき方向性が予め想定されている場合にのみ、有効な概念であるということです。だから、たとえば「自我同一性」といった概念を前提とする心理学には「発達」や「成熟」の概念もあります。そこではすなわち、自我同一性を獲得することが成熟の条件の一つとなるのです。しかし、そうした目的論を排するラカンなどの精神分析においては、成熟もあたりまえには語ることができません。それゆえ現代において有効なのは、むしろ後者のほうということになるでしょう。

とはいえ、私たちのように思春期や青年期の事例を数多く診療する立場の人間は、理論はどうであれ、とりあえずの尺度として「成熟」概念を必要としています。明らかな精神病や脳そのものの障害を除けば、思春期の健康を考える際、「その行動が成熟したものであるか」ということが、健康の一つの尺度になり得るからです。

こころの成熟、すなわち健康を語ることが難しいのは、常に社会的な「適応」が問題とされるためでもあります。たとえば日本では珍しくない「引っ込み思案」な人は、アメリカでは「社会恐怖」と診断される可能性が高い。逆にアメリカでは好ましいとされる多弁で行動的な人は、日本では「軽躁状態」とみなされるでしょう。つまり、こころの健康の度合いとは、他人や社会との関わりの中で相対的に判断されるもの、という側面があるわけです。この意味で言うなら、「自己同一性（アイデンティティ）の獲得」ですら、西欧型社会の健康観にすぎないのかもしれません。

それでは「成熟」について、一般的に語ることは不可能なのでしょうか。必ずしもそうとは限りません。たとえば私は臨床場面で、いちおうの成熟の指標としては、つぎのことを目安にすることが多い。まず他人との「情緒的交流」の能力。他人に共感し、あるいは共感されるための意欲と能力を持っているかどうかですね。これをあえて「コミュニケーション能力」としなかったのは、「コミュニケーション」という言葉が、あまりに多義的で曖昧であるためです。単なる意志の伝達や受容だけなら、未成熟であったり不健康であったりする人にもかなりの程度可能です。しかし、対面しつつリアルタイムで情緒的な交流をはかる力は、一定の成熟度と健康度を必要とします。

ついで重要なのは「待つ」能力です。欲求や願望の実現を待ちつづける忍耐力は、成熟度の指標としてかなり有効なものです。これをやや専門的には「欲求不満耐性」という言い方をすることもあります。

お気づきのように、ここで挙げた二つのポイントは、ある意味で対立する二つの尺度において成熟を捉える試みと理解できるでしょう。たとえば、キレる若者。彼らはコミュニケーション能力はけっこう高いのですが、「待つ」能力には欠けていることが多い。欲求不満をそのまま衝動的に表現してしまうわけです。今年の成人式では、さまざまな若者の非常識な振る舞いが注目されましたが、彼らはまさに待てなかったがために未熟である、と非難されたわけです。いっぽう「ひきこもり」の若者は、待つことはできても情緒的な交流の能力は必ずしも豊かではない。もちろん病理的なものが深まってくると、ひきこもりつつも「待つ」力が弱くなっていく場合もあります。

私がここで掲げた二つの尺度は、時代や文化的要因に左右されにくいという点で、それなりに有効なものであるとは思います。現代における成熟困難は、主にこれらの点において集約的に表現されるでしょう。ここで「自立」や「責任」という言葉が出てこないことを不思議に思われた方もおられるかもしれません。すなわち成熟とは、個人の自立の度合いを指すのではないか、と。しかし、本当にそうでしょうか。私は必ずしもそうは考えません。「自立した個人」という成熟モデルには、欧米型の文化的背景を抜きには考えられないような、一種特殊な価値判断が含まれていると思うからです。

別のところでも述べましたが、現代の日本では、むしろ「甘え下手」のほうが問題になりやすい。これは言い換えるなら「手のかからない良い子」の問題です。さまざまな事情から、人生の早い時期から親に甘えることができず、結果として自立を強いられた子どもたちがいます。彼らは思春期にいたって多くの心理的な問題を抱えてしまうことが多い。私はこれが、必ずしも日本の甘え文化に固有の問題とは考えていません。「良い子」の問題は、そっくり「AC（アダルト・チルドレン）」の問題に置き換えられます。そして、AC概念はアメリカから輸入されたものだからです。ここではむしろ、他人に甘え、あるいは甘やかす能力は、情緒的交流に欠かせない要素と考えることもできます。

私が考える成熟の条件は、極力目的論の色彩を排したものになっているとは思うのですが、しかしまだ不十分です。なぜなら、心理的成熟の要件に、すでに目的論が組み込まれてしまっているからです。そして、現代における成熟困難は、まさに目的を持つことの困難さに重ねて考えることができるでしょう。何のために働くのか？　何のために家庭を持つのか？　そして、われわれは何のために生きるのか？　「成熟」もまた、同じ問いにさらされ続けることになります。何のために成熟するのか？　もはや誰も、この問いにきちんと答えることはできません。

目的の困難さに拍車をかけるのが、お手本、モデルの喪失です。思春期の事例、とりわけひきこもり事例の家族などに会っていると、家族の成熟度もあまり高くないというケースに、しばしば出くわします。また多言はつつしみますが、昔は偉い人の代名詞だった総理大臣なるものが、これほど未成熟な振る舞いをして失笑を買った時代がかつてあったでしょうか。森総理（当時）については他者との「交流」能力も、機が熟するのを「待つ」能力も、あまり期待できそうにない。総理を筆頭に、昨年来続発した公務員や官僚の不祥事も、見方によっては成熟の問題でしょう。国民と「交流」ができず、欲望を「待つ」ことにも失敗した大人たちの無惨な見本がこれでもかと並べられました。すでに大人が成熟のモデルを示し得ない時代に、はたして若者だけを責めるのは正当な行為でしょうか。

だからといって、もはや現代において成熟など不可能である、と断定するのは安易にすぎるでしょう。まして私は臨床家という立場上、成熟と健康について考え続けることをやめるわけにはいきません。価値も目的も自明性を失いつつある時代において、「交流」しつつ「待つ」ことにはたして意味があるのでしょうか。私はある、と答えたい。しかし「なぜか」と問われれば、いまは「なんとなくそう思うから」としか答えようがありません。なんともたよりない「専門家」ですね。でも私が患者さんの診療をしたり、マスコミで啓蒙活動に励んだりするのも、つきつめれば「なんとなく」と「なりゆき」の結果です。逆に言えば、私が「なんとなくなりゆき」で生きることを邪魔しようという力には、力の限り抵抗するでしょう。

私が成熟しているかどうかは自己判断できませんが、成熟すれば「なんとなく」も「なりゆき」も、そこそこ楽しめるようになるかもしれません。「自立」や「自己同一性」といった概念にわずらわされず、時には不安を抱えながらも、そのおりおりをやり過ごしていくこと。これは、それほど悪くない境地ではあると思います。「ひきこもり」だろうとフリーターだろうと構いません。社会的地位とは無関係に成熟は起こり得る。私はそう考えます。皆さんはどう思われるでしょうか。

MSN（Microsoft Network）ホームページ（二〇〇一年三月執筆）

孤独について

失われた「孤独」

現代において著しく価値の下落してしまったものは数多くありますが、その最たるものの一つが「孤独」ではないでしょうか。その兆候は、すでに八〇年代からみられていました。とりわけ「ネクラ」という言葉が日常化して以降、こうした傾向に拍車がかかったと考えられます。いまや一人で何かをすること、一人を好むこと、いずれも「暗い」性格傾向のしるしとして、ごく単純に良くないこと、ネガティブな傾向とみなされがちです。私自身、時には徹底して単独行動を好むようなところがありますが、それに対して「暗い」と評価されることもしばしば経験してきました。

私が著書『若者のすべて』で紹介したように、いまの十代の若者は、極端に社交的なグループと、極端にひきこもりがちなグループとに二極分化しているとみることができます。このうち、ひきこもりがちな若者は、しばしばひきこもり状態の徹底化と長期化によって問題となりやすい。若者と書きましたが、実際には二十代、三十代に至っても、そこから抜け出せずに苦しんでいる人たちの数は、いまや数十万とも一〇〇万とも言われています。

私自身が、そうした事例の支援ないし治療を専門に行ってきました。

それでは、私にとっても、孤独やひきこもりは治療の対象でしかないのでしょうか。もちろん、そんなことはありません。むしろ私は著書でも講演会などでも、まず「ひきこもり」を擁護するところから話をはじめているくらいです。そう、もはや言うまでもないことなのですが、「ひきこもり」そのものは病気でも悪いことでもありません。ですから私は、たとえば「どうすればひきこもりを予防できるか」と尋ねられても、「わかりません」とか「できません」と答えることが多い。これも当然のことですね。「ひきこもり予防」という発想には、言うまでもなく「ひきこもりは悪いこと、あってはいけないこと」という価値判断が含まれているからです。

しかし、そうした私の抵抗もむなしく、世間における「孤独」の価値は、みるも無惨なほどに下落しつつあります。とりわけ若者たちの間で、そうした風潮が顕著になりつつあるのではないでしょうか。十代後半から二十代後半の若者たちに接していて強く思うのは、個人を評価する際の価値基準が、あまりにも単純化しているということです。極端に言えば、そこではもはや、社交的かどうかしか問題にされていない。言い換えると、成績がいいこと、運動ができること、何かの才能があること、そうしたことがあまりにも顧みられていないように思えるのです。

私が十代だった時代——恐ろしいことにもう二〇年以上も前の話になってしまいました

が——当時はもう少し多様な評価の仕方があったように思います。単純に人気があるかどうか、という評価のほかに、それほどもてはやされないけれども、成績や才能などで突出したものを持つがゆえに「一目置かれる」といった同級生が何人もいた。いまでもそういう存在はあり得るのかもしれませんが、私たちの高校生時代に比べて、きわめて希少なものになりつつあるような気がしてなりません。

殺人少年の背中を押したもの

折しも一昨年、そうした事情を象徴するかのような事件が起こりました。一九九九年八月に起こった「高校生ストーカー殺人」事件です。容疑者(当時)の当時一七歳だった少年は、殺害された女子高校生に思いを寄せはじめた時期から、殺害にいたる直前まで、膨大な日記をつけていました。その日記の中には、少年が殺害を思い立ち、実行に至るまでの過程が克明に描かれています(参考:藤井誠二『殺人を予告した少年の日記』ワニブックス)。みずからも「猛末期頽死」という名前を考案するなど、彼の行動には神戸の「酒鬼薔薇」事件の影響が色濃く見られます。しかし、ここで私がもっとも痛ましく、やりきれない思いを抱かされたのは、彼を犯行に至らしめたとおぼしい一つのエピソードです。

少年は高校進学後、なかなか友人ができなかったこともあって、昼休みを過ごすことが苦痛でした。授業中は平気でも、休み時間になると雑談の中にも入れず、一人目をつぶって寝たふりをして過ごすことが多かったようです。そんなある日、彼にとって決定的とも言うべき事件が起こります。一人の友人から「いつも寝とるの〜。友達おらんや〜」と指摘されてしまったのです。彼はそれがいかに痛烈な決定打であったかを、その日の日記に克明に記しています。けっして大げさではなく、彼はこうした経験によって、自分は決定的に「彼女たち」の住む明るい世界とは無縁の人間であるという自覚を深めていきます。やりきれないのは、彼のそうした自覚こそが、犯行の最大の動機であったとしか思われないことです。

もちろん私は、彼がなしたことを弁護しようなどとはみじんも思いません。彼の行為は徹底して裁かれ、罰せられるべきです。しかしまた私は、彼が犯行に至ってしまった経緯について、「たかがそんなことくらいで」とはけっして考えないでしょう。そういう意味で彼の弱さを批判する人たちは、彼がおかれている時代的な文脈にあまりにも鈍感です。彼らの社会において「孤独であること」「友達がいないこと」がどれだけマイナスの意味を持っているか。その意味では、彼自身もまさしく時代の被害者として、犯罪を余儀なくさせられたと考えるべきではないでしょうか。繰り返しますが、私は彼を免責しようとしてこれを書いているわけではない。ただ、事件を契機に浮き彫りになった「時代の病理」について考えてみてほしいのです。

創造的孤独の復権を！

しかし一方で、多くの友人たちに囲まれて元気にみえる若者も、必ずしも我が世の春を満喫しているわけではありません。彼らには彼らなりの問題がある、と私は考えています。一つは、彼らの極端な対人依存性です。彼らはきわめて社交的で、学校では学校の友人、帰宅すれば地元の友人、さらに自宅にいるときは携帯電話で、文字どおり四六時中、友人とつながっています。もちろん彼らにもトラブルや悩みはありますが、そんなときもすぐさま話し合いで解決してしまうのです。その結果、どうなったか。彼らはもはや、一人で過ごすことができません。携帯電話なしでひきこもることなど、もってのほかです。さらにいえば、彼らは悩みを一人で抱え込み、葛藤することができません。徹底してコミュニカティブな方向に進化を遂げた結果として、もはや仲間内のコミュニケーションなしでは安定した自我を維持できなくなっているのです。

もちろん友達に囲まれている間は、そうした問題は表面化しません。しかし、ひとたび進学や就労などでそうした環境から離れ、そこではじめて対人葛藤や孤独に陥ると、彼らはじぶん探しに向かわざるを得なくなります。ひきこもる若者がほとんど関心を持たないカルトに、彼らが案外容易にはまるのはそのせいもあるでしょう。

彼らは仲間内の話題以外の目的でフィクションを消費しません。また、ファッション以外の手段で自己を表現したいという欲望も希薄にみえます。つまり、ひきこもれないことは、想像力や創造性を衰弱させる可能性があるのです。なぜでしょうか。いずれの能力も、突き詰めればディスコミュニケーションを代償するようにしてはぐくまれるものです。ディスコミュニケーションの痛みが、あたかも免疫反応のようにして、人を創造へと向かわせるのです。言い換えるならば、コミュニケーションにおいて痛みを感ずることなく、常に仲間の承認に取り囲まれていれば、人はなにも高度な想像力や創造性を必要としないのかもしれません。私にはやはり、それは残念なことのように思われるのです。

孤独の中で想像と創造の力をたくわえることは、「他者の到来」に備えることにほかなりません。いやむしろ、「ひきこもり」こそ他者の排除ではないか。そう思われる方もいることでしょう。そう、たしかにみずからの想像・創造物の中に埋もれて暮らす限りは、彼らは自己愛だけで充満した世界に住んでいるとみることができます。しかし、ひきこもらず元気な若者はどうかといえば、私には、彼らの方がさらに狭い世界にいるように思われてならないのです。

過剰なコミュニケーション能力は、意外なことに、閉じたコミュニティを形成しがちです。元気な若者たちが携帯を何のために使っているかと言えば、それは主として、近所の友人たちとやりとりするためです。彼らにとってコミュニケーション・ツールとは、小さな情報の共同体を、いっそう密度の高い情報の線で耕すためだけにあるかのようです。ここにグローバリゼーションがグローカリゼーションを生むというパラドックスの、一つの実例をみて取ることができるでしょう。しかしそこでは、もはや他者の到来は排除されてしまっています。

孤独であり続けることを勧めたいわけではありません。しかし人生の一時期、それもできるだけ若い時期に、取り返しのつく形で孤独を通過しておくことは、きわめて重要な意味を持つでしょう。孤独のさなか、自己もまた他者にほかならないと悟る経験は、他者へと開かれる第一歩です。それでは、具体的にどうするか。私はそれについて、ここで事細かに述べようとは思いません。一つだけヒントを記して終わりにしましょう。私の知る限り、ひきこもり状態からいい形で抜け出せた人には、どうも読書好きが多いように思います。そう、いかにインターネットが情報革命をもたらしたとはいえ、いまだもっとも深く、もっとも多様な世界は活字の側にあるでしょう。一人で大量の本を読む経験は、一人で遠くまで行くための脚力をもたらしてくれます。より深く、よりしなやかな生の形式としての孤独。その復権を、私は切に願うものです。

『人間会議』二〇〇二年一二月

「出会い」の持つ力

「ひきこもり」を取り巻く状況は、急速に変化しつつあります。つい三年ほど前と比較しても、その理解の仕方はずいぶんと変わってきましたし、支援体制も改善されてきました。もちろん、まだまだ誤解や偏見が一掃されたわけではありませんが、それでも状況は全体的に良くなりつつあるとは言えるでしょう。少なくとも、ひきこもっている人たちに、いきなり「働かざる者食うべからず」的な正論をぶつけてくるほどナイーブな人はいませんし、もしいたとしても、いまならそういう人たちには、微笑と沈黙をもって応ずるくらいの余裕を持てます。

しかし一方で、これまでの反動なのか、「ひきこもりは全然問題ない」と言わんばかりの主張も目立ってきました。これまでそうした主張が少なすぎたという点からは、こうした主張にも価値があります。しかし、この言葉を額面どおりに受け取りすぎるのも問題がある。今回は、そういう話をしたいと思います。

私自身、ひきこもることがそれだけで問題があるという考え方はしていませんし、もちろん単純に病気であると考えているわけでもありません。ただ残念ながら、長い期間ひきこもっている人の多くが、「そろそろ抜け出したい」と思いながらも抜け出せずにいるという現実もあります。そういう葛藤を抱えてしまった人たちにとっては、「ひきこもりは問題ない」という言葉は、およそ救いにも気休めにもならないでしょう。

それでは、「ひきこもり」が問題になるのは、どんな場合なのでしょうか。

最近、ひきこもり関連のシンポジウムなどで当事者の発言を聞く機会があり、そこであらためて感じたのは、「出会い」がいかに大切か、ということです。「ひきこもり」の認識が広がるにつれて、たくさんの当事者、あるいは元当事者の人たちが語り始めています。そして彼らの多くは、自助グループやたまり場、デイケアや作業所などの場に参加しながら、そこでの出会いや、あるいはもっとプライヴェートな場所での友人との関わりなどによって、いかに支えられてきたかを強調することが多いのです。

私がしばしば「放置した場合に回復、つまり社会参加は難しい」「第三者の介入なしには回復は困難」といった趣旨の発言を繰り返しているのは、けっして「治療しなければ治らない」という意味ではありません。また私は、個人的には、仕事に就くか否かといった問題は、今の社会にあってはほとんど「趣味の問題」ではないかと考えています。ただ私が危惧するのは、青年たちがひきこもってしまうことで、こうした「出会い」のチャンスから遠ざかってしまうことなのです。

私の知っているある当事者は、かつて私にこう語ってくれました。

「ひとりでいても何も起こらない。でも人といると、何かが起こるんですよ」

ここで肝心なのは、彼がけっして「人といると良いことがある」とは言っていない、ということです。それは悪いことかもしれないし、失望するような経験かもしれない。しかしそれでも、偶発的に起こる「何か」の価値を受け入れよう。そう彼は主張しようとしているようにも思えます。しかし、ひきこもり続ける限り、こうした出会いや偶発事はきわめて起こりにくくなります。私が必ずしも「ひきこもったままでも心配ない、大丈夫」と断定的に言わないのは、この点を懸念するからにほかなりません。

人間が変わり得るとすれば、それは個人の意志よりは、出会いや偶発事に多くを負うことになる。私はそのように考えますが、もしそうであるなら、やはり「人との関わり」は、生きていく上では避けることのできない、いわば空気や水のようなものなのではないでしょうか。

「他者との出会い」がはらむ肯定的な力を、もっとも精密に理論づけてくれたのは、やはり多くの精神分析家たちでしょう。そもそもフロイトが発見した「エディプス・コンプレックス」という考え方からして、「父」という、とても厳しくて不快感をもよおすような「他者」との出会いが、人間にとっていかに重要な体験であるかを示しています。また、ラカンという精神分析家は、こうした父との出会いを「去勢」と名づけ、この出会いがあってはじめて、人間は人間になることができるとまで考えました。

しかし、「出会いの大切さ」について、もっとも説得力のある理論を展開したのは、「自己心理学」という流派をつくりあげたハインツ・コフートという人だと思います。

コフートは人間の自己愛について、徹底して考えぬいた人でした。そもそも自己愛（ナルシシズム）とは、フロイト以来、一貫して精神分析の重要なテーマです。自己愛という言葉については、「ナルシスト」や「エゴイスト」などを連想して、あまり印象の良くない人もいるでしょう。しかし、精神分析によれば、あらゆる愛情の起源にあるのが「自己愛」ということになります。とりわけコフートは、人間の一生を自己愛が成熟してゆく過程としてとらえようとしました。

自己愛の成熟にとって、もっとも重要になってくるのが、「自己－対象」との関係です。「自己－対象」とは、自分の一部として感じられるような対象のことです。たとえば赤ちゃんにとっては、お母さんが最初の重要な「自己－対象」となります。また「スヌーピー」の漫画に出てくるライナスにとっては、「安心毛布」が大切な「自己－対象」です。人であれ物であれ、あなたが深い愛着を覚える対象は、すべて「自己－対象」なのです。人は「自己－対象」との共感的な関係を通じて、その対象を内面に取り込みます。そして取り込まれた対象は、人に新たな現実的能力を与えてくれるのです。

このはたらきは、自己愛を食欲にたとえるなら、食べ物を呑みこみ、消化吸収して体が成長していく過程によく似ています。この過程を経ることで、自己愛は単純なかたちからより繊細で複雑な構造を備えたかたちへと成熟していくと、コフートは考えました（もちろん彼の考えはもっと複雑で込み入ったものですが、ここではその一部を、ごく単純化して述べています）。別の言い方をするなら、人はみずからにとって大切な対象に出会い、それを愛することによって成長していくということになります。

ここで重要なことは、愛着の対象に出会うことのみならず、愛する対象と別れることによって、対象が心に取り込まれるということです。そう、「出会いと別れ」が人を成長させるということ。コフートは、この単純な事実を、自己愛を中核とした、すばらしく精密な理論として示してくれます。ここで「愛」や「成熟」が一義的に価値あるものをみなされることに抵抗を覚える人もいるかもしれません。しかし、思想的な文脈ならともかく、日常生活において誰もが肯定せずにはいられないものこそ、「愛」であり「成熟」ではなくて何でしょうか。その意味で、コフート理論が一定の説得力を持っていることは、おそらく誰もがみとめるところだと思います。

私のいう「社会参加」とは、ここでいう「出会いと別れ」の場に参加することです。それでは、ひきこもることは、進んで成熟を犠牲にすることでしかないのでしょうか。そうではありません。ひきこもっている生活にも「出会い」はあります。たとえばひきこもりながらも趣味に没頭する生き方は、愛すべき対象との出会いに満ちています。あるいは、何かを創造したり、鍛錬したりすること。その過程は、みずからの内なる他者とのリアルな出会いにほかなりません。コフート理論における自己－対象には、こうした他者も含まれると私は考えています。

私はひきこもる青年たちに、就労や就学を積極的に促すことはありません。義務やモラルを説くつもりもありません。ただ、こうしたリアルな出会いの契機を失ったとき、人は衰弱するということ。私は臨床家としての経験から、その危険を説かないわけにはいきません。精神医学だけで不十分なら、哲学者マルティン・ブーバーの「すべて真の生とは、出会いである」という言葉も添えておきましょう。偶発的で多様な「出会い」に向けて、けっして心を閉ざしてしまわないこと。私がひきこもりに苦しんでいる人たちにお願いしたいことは、その一言に尽きると言ってもよいくらいです。

NHK「ひきこもりサポートキャンペーン」ホームページ「コラム・ザ・コラム」（二〇〇二年一〇月執筆）

「ひきこもり」と他者

哲学の問いは、接近不可能な「他者」を強烈に意識するところからはじまる。言い換えるなら、哲学は常に、ディスコミュニケーションの産物である。あなたが日常生活において社交的であり得たとしても、あなたは哲学者たり得るだろう。しかし「社交的であること」の自明性に一点の疑いも持たないならば、あなたは哲学者たり得ない。ただし、そのことはあなたの価値を少しも減じない。そもそも自明性を疑うという行為は「能力」ではない。それは「哲学病」の症状だ。そして哲学病は「他者」ウィルスに感染することで発症する。存在、言葉、文字、身体……そう、ありとあらゆる場所に他者ウィルスはひそんでいる。そして、ひとたび感染すれば、もはや「問い」の自己生成から逃れるすべはない。

私は「ひきこもり」問題を専門とする精神科臨床医だが、「ひきこもり」が哲学になにか新たな発想をもたらすことは、あまり期待していない。「ひきこもり」はむしろ哲学に必要な条件なのであって、哲学の対象そのものではありにくい。たとえば精神病理学者・木村敏氏は、精神分裂病を媒介として、みずからの「あいだの哲学」を語った。しかし、それと同じことを「ひきこもり」で試みることはむずかしい。なぜだろうか。

本来なら、私たちにとって他者であるはずの彼らは、しかしそれでも、私たちにとって近すぎるのだ。少なくとも、分裂病者の圧倒的なまでの接近不可能性に比べれば、「ひきこもり」はわかりやすい。つまり「わかったつもり」に陥りやすい。そのことは簡単に証明できる。フランシス・ベーコンは偏見を四種類に分類したが、驚くべきことには、私たちは「ひきこもり」に対して、四種類すべての偏見を向けてきたからだ。

まず「日本にひきこもりが多いのは、日本人に自立心が足りず未成熟だからだ」という「種族のイドラ（種族的偏見）」。「あそこの家の子どもがひきこもっているのは、親が甘やかすからだ」という「洞窟のイドラ（個人的偏見）」。「ひきこもりの青年たちは、何をやらかすかわからない犯罪者予備軍だ。テレビでそう言ってた」という「市場のイドラ（風聞による偏見）」。「ひきこもりは日本を滅ぼす。なんとしてもこの私が、ひきこもりの子どもたちを救わねばならない」という「劇場のイドラ（権威的・自己顕示的偏見）」。少しでも「ひきこもり」に関心がある人なら、このすべて、あるいはいずれかの言葉に聞き覚えがあるはずだ。もちろん私自身も、これらの偏見（とりわけ「劇場のイドラ」）から完全に自由であるなどとうそぶくつもりはない。

「他者」を不適切に我有化することが偏見だ。偏見の繁茂する場所に他者は棲息しない。それゆえに、偏見が社会的に一掃されない限りは「ひきこもり」について、これを「他者」として冷静に論ずることは難しい。しかし、偏見が一掃されたときには、「ひきこもり」そのものが存在しなくなっているかもしれない。なぜなら、偏見こそが「ひきこもり」増加の最大の土壌であるからだ。「ひきこもり」を哲学的認識の対象とすることは、かくも困難である。むしろここでは、「ひきこもり」を認識の対象とみなす努力をいったん中断し、一歩下がって「哲学的」に語ることを試みるほうが有意義だろう。

「ひきこもり」が問題となるのは、それがこじれた場合である。では、どのような場合に「ひきこもり」はこじれるのか。それはおおむね、本人が否定的な自己イメージを持ってしまった場合である。詩人ヴァレリーの言葉に「人間は自分自身と折り合える程度にしか他人とも折り合えない」というものがあるそうだが、まさにそのとおり。じぶん自身とうまくつき合えないとき、ひきこもりはこじれ、病理的なものをはらみはじめる。そんなとき、ひきこもっている本人は、みずからをいたずらに責めさいなみ、そこからさまざまな精神症状が生じてくる（私が治療をするのは、そういったケースにほぼ限られる）。ここで本人を苦しめるもの、それがまたしても「偏見」なのである。そう、みずからの裡なる他者性をも偏見によって隠蔽するとき、「ひきこもり」の殻はいっそう厚みを増すだろう。

語り得ることだけを明晰に語り続けようとしたヴィトゲンシュタインは、精神医学的には分裂気質者、あるいはアスペルガー症候群（高機能自閉症）であった可能性が指摘されている。精神科医のお節介な診断癖が出たと言われそうだが、少なくとも次のことははっきり言える。彼にあっては、われわれ以上に自分自身が他者であり、自問自答がすなわち哲学的対話足り得るような場所が確保されていた。彼が語り得ないことを語るまいとしたのはむしろ当然であって、そうやってタガをはめておかないと、みずからの内部に響き渡る他者の声（書簡にその記載がある）に容易に圧倒されてしまったはずなのだ。

私たちは、常にみずからの裡に響く他者の声をも、何食わぬ顔で隠蔽しながら生き延びている。「自明性」とはまず第一に、内なる「他者」の声に耳をふさぎ、忘却することだ。しかし「ひきこもり」にあっては、忘却が起こるばかりではない。社会的偏見と内なる偏見とが常に共鳴しあい、いっそう彼らが内面的他者と出会うことを難しくしている。

だから、彼らは私たちに次のような問いを鋭く投げかける。「あなたは、これほど無価値な人間をどうやって承認できるのか」と。なるほど、彼らはこの社会から徹底して疎外された人間だ。なぜなら彼らは、顕在的な弱者ですらないために、さしあたり積極的には擁護され得ない存在であるからだ。事実、彼らはしばしば言う。「いっそ、身体障害があればよかった」と。そう、身体の障害は、これもまた一種の他者性として、彼らに救いをもたらすだろう。いや、障害ばかりではない。事故、肉親の不幸、天災、トラウマなどによって、むしろ彼らは賦活される。いずれも「他者性」がもたらす効果にほかならない。「ひきこもり」青年たちの不幸は、彼らが欲望からも見放されていることだ。彼らはしばしば、自分がなすべきことと、自分の欲することの区別がつかなくなっている。こちらは偏見、それも「正論」という名の偏見による効果である。「働かざる者食うべからず」に代表される偏見（これはたぶん、「種族のイドラ」だ）が、彼らの欲望を混乱させる。欲望という他者の声を、内面化された正論が圧殺してしまうのだ。

社会の側にも、いっそう彼らを追いつめるような変化が生じつつある。自明な価値の領域はますます後退し、従うべき規範が希薄化する。カントにならって言えば、定言的命令（端的に「…すべし」という普遍的命令）が機能しにくくなり、「自己責任」の美名のもと、仮言的命令（「…したければ…すべし」という、条件付の命令）のみが前景化しつつあるのだ。それゆえ、ひとたび仮言的命令の条件部分である「欲望」が衰弱すれば、命令や規範はいっそう失調に陥るだろう。ただし、命令は他人がするとは限らない。たとえば「決断」とは、自分自身に対する命令にほかならないからだ。命令の衰弱はすなわち決断の困難であり、「ひきこもり」増加の一要因でもあると、私は真面目に考えている。

では、どうすればよいか。なにも、他者性を取り戻すために哲学をせよ、などと軽々しく言うつもりはない。しかし、「偏見」を一度カッコに入れるためには、哲学的態度は有効であるかもしれない。そして、もっとも身近な他者、たとえば「家族」との対話を試みること。対話が哲学の基本であるのは、それが「言葉という他者」を発見させてくれるからだ。そして他者化された言葉の力を信じられるなら、そこにはじめて「欲望」も可能となるのではないか。ひきこもりから回復していく若者たちを思い浮かべながら、私はそんなことを思いめぐらしている。

「みずからの内なる他者を隠蔽するとき」アエラムック『現代哲学がわかる。』朝日新聞社、二〇〇二年二月

笠原人間学の現代的意義——笠原嘉『アパシー・シンドローム』解説

一冊の本が人生に決定的な影響をもたらすということ。いまを去る十数年前の本書との出会いは、まさにそのような体験だった。だからこの文章も、あえて個人的な話からはじめたい。というか、本書は私にとって、個人的にしか語れない本なのだ。

一九八〇年代後半、ちょうど私が大学院生だった頃のことである。当時私は、筑波大学社会医学系の稲村研究室に在籍していた。恩師である故・稲村博氏は、不登校や家庭内暴力といった、思春期の問題行動が専門であり、私たち門下生は研究以上に多忙な臨床の日々を送っていた。その頃大学付属病院の外来では、不登校からはじまって、学籍がなくなり成人したのちも自宅にとどまり、ほとんど無為なままに過ごす青年たちが急増しつつあった。そう、いまならば「ひきこもり」と呼ばれるであろう彼らの存在は、常に呼称の問題で私たちをつまずかせ続けていたのである。当初は臨床上のニーズに迫られて、彼らに深く関与せざるを得なかった私が、こうした青年たちの精神病理を博士論文のテーマに選んだのは、半ばは必然的ななりゆきだった。

院生だけあって時間は十分にあり、私はこのテーマに関わりのありそうな内外の文献を徹底的に渉猟した。しかし驚いたことに、ごくわずかな例外を除いて、海外にすら先行研究はほとんど存在しないに等しかった。そう、思春期から青年期にかけて好発する、基礎疾患のない、つまり精神病性ではない長期の無気力状態に関しては、笠原氏らによるスチューデント・アパシーの研究のみが、ほとんど唯一の「例外的な存在」だったのだ。

大学生のアパシー現象は、わが国では昭和四〇年代初頭に出現した、国立総合大学の主に教養部における大量留年現象として知られるようになった。こうした留年学生に個別に対応していく中で、従来の留年学生とは異なったタイプの学生の存在が気づかれるようになったのである。けっして「怠けもの」ではなく、むしろ平均以上の学歴や「良い子」と賞賛されがちな好青年でありながら、無気力状態に陥ってしまう青年たち。笠原氏は彼らの存在の背景に、経済的発展や技術革新がもたらした青年期の延長や、自立と個性化の困難性をいちはやく看取していた。

ただし厳密に言えば、笠原氏自身が指摘するように、学生の無気力状態については先行研究が存在する。一九六一年にP・A・ウォルタース・ジュニアが発表したスチューデント・アパシーに関する論文がそれだ（Walters, P.A. Jr., "Student apathy", Blaine, G.B. Jr. and McArthur, C.C. (eds.), *Emotional problems of the student*, Appleton-Century-Crofts, New York (1961)：笠原嘉ほか訳「学生のアパシー」『学生の情緒問題』文光堂、一九七五年）。この論文でウォルタースは力動精神医学的な視点から、この種のアパシーの原因を、現実的困難によらず男性性同一性形成障害による敗北への予期不安から競争を降りる心理的防衛であるとみなしている。

笠原氏はウォルタースの研究とは独立にこの現象をみいだしてはいたのだが、学問的誠実さから、そのプライオリティをウォルタースに譲っている。しかしウォルタースの業績は、ほぼ先に挙げた論文一本にとどまり、その後他の研究者による発展もみられていない。むしろ「スチューデント・アパシー」の概念的な発展のほとんどは、笠原氏をはじめ、石井完一郎氏、土川隆史氏、丸井文男氏ら、わが国の研究者に負うところが大きいことは、紛れもない事実である。これ以降も、とりわけ学生相談室担当者らが中心となって、本概念の研究が進められてきた。

本書『アパシー・シンドローム』には、一九七三年に『臨床精神医学』誌上で発表された笠原氏の記念碑的論文「現代の神経症──とくに神経症性 apathy（仮称）について」が収められている（＊ただしスチューデント・アパシーについての笠原氏の最初の論文は、本書には収められていないが、一九七一年に『全国大学保健管理協会誌』に発表された「大学生にみられる特有の無気力について──長期留年者の研究のために」であることを付記しておく）。すでに本論文において、ウォルタースの論文への言及や、エリクソンのいわゆる「モラトリアム」概念の参照に至るまで、主要な理論的視点はほぼ網羅されていた。そのうえで、その疾患としての特性、精神病理、治療法などについて、オリジナルな視点から幅広く論じられている。ことにアンヘドニア、splitting（分裂）などの機制に境界性人格障害との関連をみいだし、病前の強迫傾向をテレンバッハのいわゆるTypus Melancholicus（メランコリー親和型性格）との関連で論ずるなど、論点は精神分析から精神病理学にまで縦横に及ぶ。理論と臨床を総合的に横断する融通無碍な視座という点において、ほとんど間然するところがない。まさに笠原精神医学の面目躍如たる趣がある。

そう、笠原ファンにとっての最大の魅力は、その笠原人間学とでも呼びたくなるほどの、見事な総合と折衷の手際にきわまるだろう。もっとも過激な折衷派でありたいと願う私のような立場からは、その達成は、単に見事な規範と言うだけでは十分ではない。言うまでもなく「折衷」とは、いたずらに無節操であることを意味しない。それは異なった領域間の稜線をあやうくわたってゆくための、すぐれてダイナミックなバランス感覚を意味している。精神医学はけっして訓古学的でも還元主義的でもあるべきではない。しかしまた「自己流」がこれほど危険な領域も少ないだろう。徹底した学術スキルのトレーニングを経たのちに、臨床家としての誠実さと抑制をもって境界を乗り越えていく身振りこそが、もっとも信頼に値する。領域横断的でありながらも、荒唐無稽に陥らないということは、けっして容易なわざではない。しかるに笠原氏は、はた目にはじつに易々と、そうした横断をやってのけるのだ。

もとより私ごときに、その広大な達成を一望するなど、とうていかなわぬことである。

しかし管見ながら、笠原氏の業績の多くは、こうしたダイナミックな折衷においてなされてきたのではなかったか。現象学のボスから精神分析のユング、マスターソン、果ては反精神医学の筆頭レインに及ぶ翻訳紹介の幅広さはつとに知られている。わが国の精神病理学については、病理学会の黎明期から現在に至るまで深く関与し続け、数多くの寄与を果たしてきた。この分野に限定しても、すぐに思い浮かべられる仕事として、統合失調症（かつての精神分裂病）における「出立」の精神病理、あるいはうつ病の分類における「笠原-木村分類」が挙げられる。前者は青年期における出立的出来事が統合失調症の発症に深く関与することを指摘して、その後数限りなく引用されてきた。発症後の病像が超俗的脱現実的ニュアンスを帯びることを指摘しつつ、「出立可能性をもつかぎりにおいて人間は分裂病という狂気の形式をもちうる」（『青年期』中公新書）とするくだりは、精神病理学の残照と呼ぶには美しすぎる光芒をいまなお放つ。

そして後者、一九七五年に発表されたうつ病の精神病理学的分類は、一九六〇年代から七〇年代にかけて増加しつつあった軽症のうつ状態にいち早く注目し、病前性格論を取り入れた多軸診断を導入するなど、斬新な手法でいまなお十分に有用な分類である。DSM-Ⅲに先立つこと五年、この分類はマニュアルの簡便性をあえて排し、むしろ臨床経験が豊富であるほど有用な分類という理念にもとづいている。筆者自身によれば「基準項目のいくつを満たすかを数えるそれでなく「理想型」を中心にする古風な診断学」とのことだが、こうした臨床の文脈を生かした診断学がどうやら廃れつつある傾向を私のような若輩者が憂えなければならないとは、まことに因果な時代ではある。

ここまでですでに了解されるとおり、笠原精神医学の真骨頂は、その「境界性」にこそあるのではないだろうか。「臨床」の文脈に即しながらも臨床に埋没することなく、学問的な切断性を十分に踏まえつつも、その切れ味を乱用しないこと。そして、境界域への関心は、それに魅せられた多くの臨床家がそうであるように、半ば必然的な帰結として、思春期・青年期への関心へと導かれていく。笠原氏で言えば名著『青年期』から本書『アパシー・シンドローム』を経て、『退却神経症』(講談社現代新書)へと至る流れである。そして本書は、笠原氏が青年期精神医学に寄与し得たエッセンスのほとんどが凝縮された、まさに金字塔ともいうべき達成にほかならない。

それではあらためて、本書の内容についてふれていこう。

ひさしぶりに赤鉛筆でアンダーラインがびっしりと引かれた本書をひもとき、再読してみてあらためて驚かされた。主として一九七〇年代に発表されたこれらの文章に描かれた青年期のありようは、ほぼそのままの形で現代の青年期にも該当するのではないか。本書の内容は青年期のみに限定されず多岐にわたるのだが、ここでは青年期に関する記述のみに注目してみよう。

とりわけ戦後、全世界的に起こった「青年期の延長」現象が紹介され、これとともにアイデンティティの模索が、この時期に最重要の関心事になってゆくさまが活写される。すでにこの当時、事実上の成人年齢は三〇歳と指摘されていた。その社会的背景としては、中産階層化、高学歴化、長寿国化、管理社会化等々がある。青年期の延長とは、始点は早く終点は遅くなることを意味しており、ここに新たな世代区分として「ヤング・アダルト期」の重要性が指摘される。

現代の青年期の特性として、そのアンビヴァレンスを含む二重性、短い「静」と「動」の波、自覚されない実験主義、そして退行可能性が指摘される。そこにいささかの批判的トーンも、紋切り型の大人の慨嘆もないことに注意しよう（むしろ、成人の若者批判のステロタイプが列挙される）。ここには冷静な分析と記述があるのみだ。身体イメージに対する葛藤の男女差についての記述も、ほとんどそのまま現代の青年期にも該当すると言ってよい。成熟が内側から訪れ、早い時期にはっきりとした外形を伴って出現する女性が摂食障害に陥り、成人を手本として実験を繰り返しつつ、いまだ成人として不十分なみずからの身体を恥じる男性が醜形恐怖に陥るということ。

精神疾患の軽症化については数多くの指摘がなされてきたが、笠原氏はそこからさらに一歩踏み込んで、軽症化のさまざまな様相について、繊細かつ具体的な記述と分析をほどこしている。スチューデント・アパシーは、そうした軽症化傾向の典型として、全体の文脈の中に位置づけられるのだ。いわく、アイデンティティ探索に疲れて無気力化しやすいこと。男性に多く、努力型で真面目、完全主義的であること。勝敗に敏感で、成人恐怖の傾向を持つが、それは特有の「やさしさ」にも通ずること。とりわけ本業からの部分的退却としての「副業可能性」の指摘は、目標喪失の時代を象徴する病理としての特性を、鋭く射抜くものだった。

青年がモラトリアムであり続けることは、自己証明のありようを複雑にする。自我の連続性と、社会的位置づけというアイデンティティの二面性が顕在化し、それはおそらくスプリッティングの病理を介して、境界例の増加にもつながったのだろう。しかし笠原氏の臨床眼は、必ずしも臨床単位としての「境界性人格障害」には向かわない。むしろ現代の青年期全体をうっすらと覆う「境界例的なるもの」の記述へと向かうのだ。それはたとえば無快楽性（アンヘドニア）の抑うつの増加であり、みずからの感情の言語化困難（アレキシシミア）であり、その結果生ずる陰性の行動化としての退却傾向である。とりわけコフートの援用による縦割り型の分割という概念は、マイルドな分裂という病理の一般化として、アパシーのみならずリストカッティングなどの行動化全般をうまくすくいとった卓抜な表現である。ここにないものがあるとすれば、昨今急速に増加した解離性の障害に関する記述のみではないか。

私が専門とする「社会的ひきこもり」の視点からいくつか付け加えるなら、おそらくアパシーのありようも、七〇年代当時よりは若干様変わりしつつあるかもしれない。従来型のスチューデント・アパシーも依然として存在する反面、もはや部分的退却ならぬ全面的退却、すなわち徹底したひきこもり状態にまで至る事例が増加する傾向にあるように思われるのだ。彼らはもはやアパシーとは言えず、みずからのひきこもり状態について深刻な葛藤を抱きながらも、ある種の悪循環によって、そこから抜け出すことができなくなっていく。このような事例の増加は、何を意味しているのだろうか。軽症化の流れが呼び覚ました反動として、今度は重症化が進んでいくのだろうか。

おそらく、そうではない。笠原氏が「軽症化」というスローガンを鵜呑みにすることなく、臨床家としてその具体的な内実に迫った姿勢を忘れずにおこう。軽症化傾向を大きくとらえるなら、個人における病理の焦点が、まさにアイデンティティの「拡散」ないし「不確実性」というレベルに留まることを意味している。しかしその後の青年期に起こったことを概観するなら、それは例えば「アダルト・チルドレン」の一大ブームであり、「トラウマ」「リスカ（手首自傷）」「ＯＤ（大量服薬）」の流行であり、あるいは「自称うつ」の若者の大量発生であった。これら一連の傾向について、私はネガティブなアイデンティティによる「自分語り」への欲望をかいま見る。フロイトにならっていえば、これらはかのヒステリー的な欲望、すなわち「満たされない欲望を持ちたい欲望」の、このうえない具現化とは言えまいか。

笠原氏が指摘する「境界例的機能」という卓抜な表現が活かされるのは、まさにこうした局面においてである。現実逃避と退行で、エネルギー備蓄を神経症的防衛以上に直截にやりとげようとする身振り。そこにはくっきりとした輪郭を持つ目標が存在しない。それゆえに、あるときは退却神経症という集団現象として表現され、また時代と環境の変質を反映して、あるときは「社会的ひきこもり」という集団現象があらわれるのではないか。

笠原氏による記述の射程は、もちろん治療論にも及んでいる。私が多大な示唆を受けたのは、なんといっても青年期における「少数の同性同年輩者同士の親密な関係」の重視である。その失調形態の二つのタイプとして、当初からの人嫌い傾向と、一時期の過剰適応と、その後の急激な失調という二つのパターンがあげられているが、この傾向は、近年いよいよ顕著になっている。すなわち、極端なひきこもり傾向を持つ若者グループと、かたや極端なまでに社交的な若者グループという二極分化である。前者はまさに社会的ひきこもりへと直結し、後者は解離性障害や非行傾向などの問題をはらみやすい。

近年におけるメディア環境の発達と、これに伴うコミュニケーションの多様化、複線化は、対人距離をいっそう測定困難にするだろう。その潮流に逆らうように、あらゆるコミュニケーション場面から撤退しようとする社会的ひきこもりの青年たち。彼らの治療にあっては、「自己中心的視野のコペルニクス的転回」をもたらすための、同世代の同性関係を重視することが、まさに私の臨床の中心にある。

本書において述べられていることは、このように「ひきこもり」の臨床にあっても、多くの示唆をもたらし続けている。かくも豊穣なアイディアの源泉である本書を、いま文庫という形で手に取ることができる読者はまことに幸いである。わが国にかつて（と言わねばなるまい）栄えた精神病理学という学問の最高の果実の一つを、じゅうぶんに享受されんことを願う。

笠原嘉『アパシー・シンドローム』（岩波現代文庫、二〇〇二年一二月）解説

表現と「ひきこもり」

村上龍『共生虫』を読んで

村上龍の最新刊『共生虫』(現在講談社文庫)を読んだ。これは、きわめて恐ろしい作品である。何が恐ろしいと言って、「続発している少年犯罪の深層を予言」とか評価されそうな点が恐ろしい。時代の先端をフォローし続ける作家の感性、みたいな記事がすでに『朝日新聞』に載っていたりすることも恐ろしい。しかし最大の恐怖は、ひょっとしたらこの作品が、村上自身の手によって映画化されてしまうのではないか、ということだ。そうこうする間にも、佐賀では一七歳のバスジャック事件が起こってしまった。ひきこもり・インターネット・殺人があつらえたように揃っている。村上龍、ちょっと時代を予言しすぎではないか。

その後いくつかの作家インタビューや対談が出て、それらを読む限りでは、村上はこの作品が「ひきこもり」をモチーフとしていることを認めている。ただ不思議なのは、あの勉強家で知られる作家が一切の資料を参照せず、想像力だけでこれを書いたという点だ。

この作品はインターネット上で試験的に販売され、また作品専用のホームページには作家インタビューのほか、主人公ウエハラへの心理学者からの手紙、毒ガス専門家との対談、寄生虫学の専門家による「共生虫実在の可能性」なる文章まで掲載されている。最後の文章ではきわめて誠実に共生虫のような生物の存在可能性が否定されている。これは作家の側のユーモアもしくは配慮なのかもしれないが、それなら「ひきこもり」と犯罪の関連性についての専門家による検証も必要ではなかろうか。

ところで私の精神科医としての専門が「ひきこもり」である。一連の事件で、ひきこもるわが子を抱えた家族や本人の中には、偏見への恐怖からパニックに陥っている事例もある。私は一貫してひきこもりと犯罪の関連性を否定すべく、各種メディアに露出してきたが、いささか徒労を感じないでもない。たとえばひきこもり青年はインターネットにはまりやすい、といった明らかな誤解を、専門家ですら口にするのだ。彼らのほとんどがインターネットに無関心であるか、反発を感じている事実にもかかわらず。なぜかおわかりだろうか。彼らは「インターネットにはまるひきこもり青年」という凡庸なイメージにまず反発する。ある事例は、ネット活動の楽しさを勧める私に、いみじくもこう言い放った。「だって先生、それは本物のコミュニケーションじゃないでしょう」。そう、ひきこもりについて世間がどんなイメージを持っているか、彼らはきわめて冷静に理解している。

犯罪との関連性については、私がこれまで治療的に関わり得た事例三〇〇例あまり、初診のみのケースを含めて一〇〇〇例あまりの事例のうち、深刻な犯罪に至った事例が一例もないという事実をまず記しておこう。もちろん家庭内暴力をはじめとして、彼らが暴力とはまったく無縁であるというつもりはない。しかし彼らの暴力は、村上氏の描写のように文学的なものではない。ひきこもることへの葛藤、暴力を振るってしまった後の自責などは、かなりの人が共感できる類のものだ。あるいは長期間ひきこもっていた人間が外出するとき、彼らはほとんど必ず、近所の住民やすれ違う人たちの視線を恐怖するだろう。彼らの攻撃性が自分自身、あるいは家族に向けられることは少なくないが、その攻撃性は外の世界への過剰なまでの臆病さと表裏のものなのだ。このように彼らの内面には一種のわかりやすさが一貫してあるのだが、村上氏の描写はむしろ、こうした「わかりやすさ」「凡庸さ」を極力排除することで成り立っている。そこではむしろ「ひきこもり」の異物性が過度に強調されてしまう。

ある批評家は村上龍の小説には肯定しかない、と指摘した。つまりこの作家は、良かれ悪しかれその過剰なイメージの力を武器にするのだ。イメージに否定がないとはヴィトゲンシュタインの有名な指摘である。彼の小説があれほど素晴らしかったこと、そしてそのエッセイや対談、さらにはかの映画製作については誰もが口をつぐむか、つぐんだ口の端から失笑をもらすかするという、そのギャップとは何か。つまり、村上氏の表現が、否定の契機を必要とする表現においては無効化してしまうということではないか。否定の契機とはすなわち、精神分析的態度のことである。別に分析家でなくとも、すぐれた批評家はある種の分析家以上に、この能力を必然的に負わされているものだ。しかるに村上氏には、この分析のドライブが決定的に欠けている。

村上氏が得意とするのは、人間を動物化することだ。その限りにおいて、彼は人間主義ではないし、その過激さがドゥルーズの「動物になること」に似て見えたとしても不思議ではない。たとえば『コインロッカー・ベイビーズ』（講談社文庫）の冒頭部分。これから子どもを捨てにゆく女性の一連の所作、あの素晴らしく緊張感をはらんだ描写はまごうことなき小説の快楽だった。彼の筆致は生態学者のそれのように、淡々と観察し淡々と記述する。その記述が私小説的な共感を欠いた「人間の雌」の存在感を立ち上げる。分析の視点が存在しないことが、この時点では武器になり得たのである。

なぜ「ひきこもり」が起こるのか、もちろん私なりの見解はあるにせよ、本当のところは誰にもわからない。ただ、村上氏自身もインタビューで指摘するように、ひきこもりに社会の変化が反映されていること、これはほぼ間違いない。そして社会性、時代性がもっとも如実に反映される病理が「ヒステリー」なのである。私はひきこもり問題にも、こうしたヒステリー性が関与することをほぼ確信している。そうだとすれば、ここには「分析」の視点は不可欠なものになる。予言者としての村上氏の資質は、分析と批評の能力を犠牲にすることで成り立っている可能性を、私はあらためて指摘しておきたい。それゆえ小説『共生虫』は、むしろ分析の対象という価値において評価されるべき作品なのだ。

「「ひきこもり」について述べておきたいこと」『PSIKO』二〇〇〇年八月

リアルで厳密で、すこし寂しい希望を——村上龍『最後の家族』解説

私の知る限り、村上龍はこれまでに二度、小説のテーマに「ひきこもり」を取り上げている。一度目は『共生虫』、二度目がこの『最後の家族』だ。

なぜ村上さんは、同じテーマを二度取り上げなければならなかったのか。私の知る限り、その理由は村上さんの誠実さ以外の何ものでもないように思われる。どういうことだろうか。私の個人的体験から語り得る範囲で、その経緯についてあれこれと推測してみよう。

私はいちおう、「ひきこもり」治療を専門とする精神科医ということになっている。そうした立場から、メディア上でも「ひきこもり」について啓蒙的発言をする機会が多い。『共生虫』が出版された際にも、それが「ひきこもり」を扱っているからという理由だけで、私のところにもいくつか書評依頼が来た。そして私は、みずからの役割に忠実に、つまり政治的・啓蒙的意図から『共生虫』批判を繰り返したのだった。

なぜ批判しなければならなかったのか。この物語の粗筋はご存じのとおり、ひきこもり青年「ウエハラ」が、かつて目撃した「共生虫」の記憶を、インターネット上のやりとり

から特権的な体験であると吹き込まれ、ついには自分の家族やネット上で彼を挑発した相手を殺害するに至るというものだ。この小説の連載は、いわゆる「ひきこもり」がメディア上で話題になりはじめた二〇〇〇年以前、正確には一九九八年から『群像』誌上で開始されていたため、またしても村上龍が時代を先取りしたと話題になったものだ。

私はしかし、そこに反映された「時代」なるものが、あくまでも「マスメディアに反映された時代」でしかないという印象を持った。「ひきこもり」のリアルな現実が反映されていないのは仕方ないにしても、それがあらぬ誤解を助長する可能性をおそれたのだ。先の粗筋を読んだ方にはすぐおわかりのとおり、これは「ひきこもり」「インターネット」「犯罪」の三題噺として読むこともできる。こうした組み合わせは、「ひきこもり」が問題視されはじめた最初期の段階で、マスコミ上に流布した典型的誤解のパターンだった。

ひきこもり治療の現場にいる者の眼には、そのような現実が映ってはいない――ただし私は必ずしも「現場が常に正しい」と言いたいわけではない――にもかかわらず、これが一般的な「ひきこもり」イメージとして流布してしまうことは、啓蒙活動を展開するうえで非常に困る。もっとも村上さんは、『共生虫』を書くに際して、いっさい取材もせず、資料も参照しなかったらしい。しかしそれは、不正確であることの言い訳である以上に、逆説的な意味で小説の予言的価値を高めてしまうのではないか。言うまでもなく予言とは、無根拠で少し不正確であるくらいのほうが信じ込まれやすいのだから。

ともあれ、そのようなわけで、私は心ならずも『共生虫』の批判者として振る舞わざるを得なかった。きわめて物語になりにくい「ひきこもり」という素材から、かくも特異な物語世界を構築してしまう作家の豪腕に内心舌を巻きつつも、あえてひきこもりスポークスマンとして振る舞ったのだ。おそらく村上さんは、そうした私の批判についてもご存じだったにちがいない。

まだ誰にも話したことはないのだが、驚いたことに、実は私は村上ファンだった。デビュー作『限りなく透明に近いブルー』(講談社文庫)の斬新さに驚嘆し、続く『コインロッカー・ベイビーズ』と『テニスボーイの憂鬱』(幻冬舎文庫)で、すでに村上ファンとしての私の立場は揺るぎないものになっていた。にもかかわらず、私がはじめて村上龍について書いた文章が結果的に批判となってしまったことで、私はいささか憂鬱だった。しかし、なにが幸運になるかわからない。結果的に、私は(おそらく)批判したがゆえに村上さんと面識を得るという幸運に恵まれたのだから。

二〇〇一年某日、村上さんの担当編集者である石原さんからメールが届いた。村上さんが新作を執筆するに際して「ひきこもり」についての取材に応じてほしいという内容だった。むろん私に異存があろうはずはない。ただし、私は少しいたずらっ気を起こした。取材場所を新宿の「ロフトプラスワン」に指定したのだ。そう、当日はちょうど私のトークライブの日でもあり、あわよくばスペシャルゲストとして参加していただこうという肚づもりだったのである。もちろんそんなことは先刻承知で、村上さんは会場に現れた。一通り取材を終えてからイベントは開幕し、一呼吸おいて「では本日のゲストを紹介します。村上龍さんです」とアナウンスしたときに上がった歓声とどよめきは、お前らは本当に俺の話を聞きに来たのかと問いつめたいほどの……。いやまあ、そんなことはどうでもよろしい。村上さんは超多忙な中、そんなマイナーなイベントのために一時間近くも熱心にしゃべってくれた。おそらく私が主催したイベント中、もっともメジャーなゲストを偶然目撃した（村上さんの登場は事前に告知されていなかった）観客の多くは、さぞかし幸運を噛み締めたにちがいない。本書『最後の家族』にまつわる、ささやかなエピソードである。

『最後の家族』執筆に際しては、巻末を参照すればわかるとおり、村上さんは徹底して綿密な取材を行った。本作は、これも周知のとおり、村上龍がはじめて同名のテレビドラマの脚本を手がけたということでも知られている。私はテレビ朝日のHP上でドラマの内容に連動したエッセイを担当した関係上、めっきりみなくなっていたテレビドラマも久々にみることになった。テレビ映えする派手さに欠けるぶん、娯楽としてどうかという批判もあり得るだろうけれど、私は臨床家としてこのドラマを高く評価した。家庭内暴力をふるわれそうになった樋口可南子が、息子に毅然として対峙するシーンなど、多くの家族にもぜひみせたいものだと感じ入るほどの演技だった。

おそらく村上さんは、本書も、本書とテレビドラマの連動企画も、かなり啓蒙的な意図を持ってかかわったのではないか。そして、その意図には、われわれ臨床家サイドへの誠実な応答という意味合いも込められていたのではなかっただろうか。もしそうだったとすれば、村上さんはメディア人としての責任を完璧に果たしたのだ。みずからが蒔いたかもしれない誤解の種をきっちり刈り取った上に、新たな問題提起までしていったのだから。

私はこの小説を、まずゲラで読み、ドラマ放映と並行して読み、今回の解説を書くに際して読んだ。都合三回読んだことになるが、読めば読むほどその構成の巧みさ、周到さに感じ入る。いわば村上龍の職人的手腕が光る作品なのだ。私は本書で、村上龍の小説家としての「技術」をたっぷりと堪能した。

おそらく多くの村上ファンは、氏の小説を、その破天荒なテーマとそれをリアルに描きる濃密な文章を期待しつつ読んでいるのではないだろうか。実は私もそうだった。そのような期待を優先する読者にとって、本書はよくまとまってはいるものの、いささか物足りない作品のように感じられるかもしれない。村上印とも言うべきセックス＆バイオレンスはぐっと控えめになり、実直な登場人物のつつましい暮らしぶりが、抑制された筆致で淡々と描写される。しかし私には、このような作品においてこそ、村上龍の小説作法を味わう楽しみが際だってくるように思われる。

本書で、いちばん魅力的でキャラが立っていると感じられるのは、延江という大工の青年だ。この青年の存在が、小説世界の倫理的なバランスの一方を担っているおかげで、世界観の風通しがよくなっているように感ずる。やはりこういう、ちょっと動物的な要素を持つ人間を描かせると、村上龍は圧倒的に上手い。粘着的な「意識の流れ」と決別し、じかに世界を感じ、また感じたままに世界に対して働きかける動物のような人間を描くことにかけては、もっとも卓越した小説家のひとりと言ってよいだろう。あの素晴らしい『テニスボーイの憂鬱』がそうだったように。

そんな村上龍が、自意識過剰の典型のような「ひきこもり」を描く。それも私のような、いっぱしの批評家きどりの小うるさい精神科医にまで取材して、とことん正確さに配慮したものを書こうとする。私の『共生虫』批判にこたえて、と憶測するのはさすがにうぬぼれが過ぎようが、私はとりあえず、そのように本作を受けとめた。『希望の国のエクソダス』(文春文庫)では不登校をテーマにした村上氏のことだから、不登校のOBたる「ひきこもり」についても、しっかり落とし前をつけようとしたにちがいない。とはいえ、すでに扱ったテーマでもう一つ作品を書くのは、小説家にとってはけっこう気が重い作業なのではないか。加えて臨床家からの助言は、村上さんの奔放な想像力にとっては足枷でもあったことだろう。それゆえこの小説は、村上さんにとって純粋な創作の衝動というよりは、むしろ社会的な義務感にもとづいて書かれたものだったように思われる。だとすれば村上さんは、この小説をみずからの作家としての技術だけで書き上げなければならなかったはずだ。

「村上龍」が才能豊かな作家であることは誰でも知っている。しかし、これほど技巧的な作家であることは、案外知られていなかったのではないか。私の無遠慮な憶測が正しいとすれば、技術だけで書かれた本作は村上龍の小説作法を楽しむうえでは、むしろ格好の作品たり得ているように思われる。以下、私にわかる範囲で、そのテクニシャンぶりを具体的にみてゆこう。

そもそも「ひきこもり」は小説の題材にはなりにくい。他者との出会いが起こらない彼らの世界は、あらゆる物語から徹底して見放されている。誤解なきよう注釈しておくが、そこには「自分自身という他者との出会い」すらも欠けていることが多いのだ。それゆえ言ってみれば、悲劇ですらあり得ないのが彼らの悲劇にほかならない。そんな彼らを、なんとか物語のほうへと拉致するにはどうすればよいか。パターンはおのずと限られてくる。ひきこもった挙げ句に妄想をふくらませ、犯罪に至るという破壊のコースか、外部から何者かによって救済がもたらされるという癒しのコースか、いずれかしかない。少なくとも私の知る限り、これまでに発表された「ひきこもり」を主題とする小説や映画は、このいずれかだ。強いてこれに付け加えるなら、あとはひきこもり経験者がみずからの生育歴を語るという、ごく控えめな「物語」くらいか。中には玉井雪雄の漫画『オメガトライブ』（小学館）のように、ひきこもり青年が人類進化の鍵を握っていたというとんでもないものもあるが、この作品は結果的に、「ひきこもり」を置き去りにして暴走を始めてしまった。

村上さんの凄いところは、ひきこもっている本人が妄想を抱き、その妄想を通じて救済の契機をつかむという、見事にアクロバティックな展開を発案したことだ。この卓抜なアイディアを核として、その周囲に登場人物たちが、つまり「家族」が周到に配置される。リストラにおびえつつも必死で家族を守ろうとする実直な父親・秀吉。家族を大切にしながらも若いボーイフレンドとの逢瀬を楽しむ母親・昭子。「ギャル」的な部分を持ちながらも、将来については案外しっかりした考えを持つ妹・知美。むろん彼らは少しずつ理想化されてはいるが、現実離れした存在というほどではない。

ひきこもっている当事者が事件に巻き込まれる。まずここまでが一苦労なのだ。この点についてはさしもの村上さんも、青年がカメラを趣味としており、望遠レンズで隣家を覗いているという設定にせざるを得なかった。私がこの物語に精神科医として唯一違和感を感ずるとすれば、この部分である。一般にひきこもりの青年たちは、このような形で外界を覗くことを好まない。レンズ越しであれ外を眺めることは、どうしても外から覗かれてしまう、世間に自分のことが知られてしまうという恐怖を呼びさます。このため彼らは外を「覗く」ことすらしようとしないことが多いのだ。もっとも、あの傑作ドラマ『池袋ウエストゲートパーク』ですらも、ひきこもりを扱った回では、青年が窓から望遠鏡で外を覗いていて、やはり犯罪を目撃してしまうという発端を捏造せざるを得なかった。物語を駆動する最小限の嘘として、これは十分に許容範囲と言えるだろう。

しかし、ここから先の展開は、まさに職人芸としか言いようがないほど緻密に構築されている。とりわけ秀樹が目撃するのが犯罪ではなく、隣家のDVであるとした点は、決定的なまでに重要だ。何度考えても、このアイディアの巧妙さには舌を巻かずにはいられない。もしひきこもり青年が自発的に行動を起こし得るとすれば、主に二種類の動機が考えられる。一つは「社会正義」であり、もう一つは「性」だ。DVの現場を目撃し、その被害者の裸を思い浮かべながらも、彼女を救いたいと強く願うこと。その願いは妄想と紙一重ながらも、かろうじて社会正義の大義名分に一致する。それゆえ秀樹が唐突なまでに異様な行動力を発揮することも、ごく自然ななりゆきにみえるのだ。

ひきこもり小説で一番難しいのは、おそらく「主人公をいかにして動機づけるか」という点だろう。この点に失敗すると、小説全体のリアリティが決定的に損なわれてしまう。実際、秀樹に行動させる動機づけとして、私もあれこれ考えてはみたのだが、荒唐無稽にならない範囲で、どうしても本書以上のきっかけを思いつくことができなかった。作家の想像力にかなわないのは当然としても、作家的想像力とはただ奔放であるのみならず、強靭な常識に裏打ちされている必要があると、つくづく思い知らされることになった。『共生虫』では、あれほど縦横に発揮された想像力が、本作ではとことん抑制され、にもかかわらずリアルな物語《エンターテインメント》になり得ている。この振幅こそが、作家・村上龍の膂力なのだ。

解説でこれ以上書きすぎるのはネタバレになってしまいかねないから、ほどほどにしておくが、「DVの被害者を救いたい」という秀樹の願いと行動が、最終的に厳しい自己洞察に至るまでの流れは、彼が「現実」を受け入れる契機として際だったリアリティがある。のみならず秀樹の洞察は、「救う、救われるという関係を疑う」あるいは「親しい人の自立は近くにいる人を救う」というテーマと共振しつつ、彼の家族それぞれに対しても救済と解放を同時にもたらす。家族が終わることによって、存続していくという結末は、一抹の寂しさを伴った希望となるだろう。おそらく内山家のような選択を、現実に多くの家族が選ぶとは考えにくい。しかし形骸化した「家族」が問題の温床となっているのなら、いちどそれを解体し、もたれ合わない家族という形を想像してみることは、多くの当事者にとってもリアルな希望を与えてくれるのではないだろうか。

それにしても今回ばかりは、「村上龍ファンとしての私」と「臨床家としての私」の間にみじんも葛藤はない。喜ばしさのあまり、つい語りすぎてしまった。さあ、もう野暮な臨床家は退場するとしよう。この文庫化を機会に、ひきこもり当事者を苦しめる「世間」や「正論」を少しずつ変質させていくきっかけとして、本書が再び広く読まれることを期待します。

村上龍『最後の家族』（幻冬舎文庫、二〇〇三年四月）解説

「わからなさ」を取り戻すために――『私がひきこもった理由』解説

「ひきこもり」の当事者たちがようやく語りはじめた。この本は彼らの貴重な証言集である。僕の知る限り、これは彼らの肉声に焦点をあてた最初の本だ。それだけでも大きな意味があるが、その内容はさらに興味深い。僕は精神科医として、いちおうこの問題の専門家の一人として認知されている。しかしこの本を読むと、自分はまだまだ「ひきこもり」の全貌を理解するにはほど遠いということがよくわかる。

近年「ひきこもり」ほど、誤解によって広がった言葉も少ない。それはあたかも犯罪者予備軍であるかのように語られ、ぜいたく病、甘え、わがままといった形容詞つきで紹介された。しかし本人たちの証言は滅多に紹介されず、彼らを代弁する専門家の声も、きちんと届いているとは言い難い。僕自身、マスコミには啓蒙的にかかわることを心掛けてきた。しかし誤解の温床である「世間」の壁は思いのほか厚く、むなしさを感ずることも少なくなかった。

この本にはそうした「ひきこもり」の意義や解決について、たくさんのヒントがつまっている。そう、ひきこもりにも意義はあるのだ。僕は以前、都市部の普通の高校生たちにインタビュー取材をしたことがある。彼らはもちろん、ひきこもってはいなかった。みんな携帯電話を持って、いつも誰かと会ったり話したりしている。彼らは社交的でとても明るく、爽やかな若者たちだ。しかし、よくよく聞いてみると、彼らにも苦手なことがあった。一人で過ごすことができないのだ。中には「一人きりになると何をしていいかわからない」と不安を訴えるものもいる。これがはたして「健康」というものなのか、僕はちょっと疑問に思った。

人は時にはひきこもる必要があるのではないか。少なくとも、僕はそう信じている。むしろ「ひきこもり」当事者ほど、社会に関心を向けたり、物事をつきつめて考えたりしている若者も少ないのではないか。これは、本書の証言を読んだ人なら同意してもらえるだろう。そう言えば思想家や哲学者が、思索を深めるためにひきこもることは珍しくない。デカルトやカント、あるいはヴァレリーやプルーストといった文学者たちも、「ひきこもり」から創造力を引き出した。もちろんひきこもり状態は、さまざまな妄想じみた思い込みの温床にもなる。しかし、妄想力も想像力も根は一緒だ。これらの力を借りずになにか創造することはできない。「ひきこもり」の持つこうした側面をみずに批判のみに性急な議論を、僕は信じない。

「ひきこもり」の解決に関連して興味深いのは、インターネットの利用に関わる部分だ。この本に登場する若者たちの多くがインターネットを活用していることは、僕にとっても心強い事実だった。いまのところ賛否あるようだが、僕は「ひきこもり」の相談を受けたときは必ずインターネットを勧めている。ひきこもりのわが子にインターネットを与えるなという論調は、二重の誤りをおかしていると思う。一つは、インターネットへの没頭がひきこもりを「悪化」させるという認識。もう一つは、ひきこもり問題の解決を、あたかも子どものしつけと同次元で考えていること。テレビも電話も、メディアはそれ自体では善でも悪でもない。これはあたりまえのことだ。インターネットの存在は、ひきこもりがちな生活をしながらも、他人と濃密な関わりを可能にする点で、今後いっそう重要なものとなるだろう。この本もホームページを利用して取材協力を募ったそうだ。こうした試みの有効性が知られることで、「ヴァーチャルな人間関係など無価値」といった明らかな誤解が払拭されることを強く願う。

多くの人はこの本を読んで、彼らの言葉のまともさ、あるいはその多様であることに驚かされるだろう。ひきこもりを特別な性格や特殊な家庭環境といったパターンで説明することは難しい。だから、この本を読めば読むほど、なぜ彼らがひきこもってしまったのかわからなくなってくる。しかし、まさにこの点にこそ、この本の最大の価値があるのだ。誤解や偏見にリセットをかけて、もう一度「わからなさ」の感覚を取り戻すこと。彼らがたしかに存在し、僕たちに何かを伝えようとしていることを素朴に認識しようと試みること。まずここから出発しよう。

人がなぜひきこもるのか、この本がそれに答えてくれるわけではない。むしろ本人たちも、その原因については戸惑い、口ごもってしまうかのようだ。僕もかつて、大学に行かずにアパートの部屋にこもって本ばかり読んでいたことがある。部屋から一歩も出ないで過ごしていると、だんだん変なこだわりが出てくる。そして、人が恐ろしくなってくる。それにしても、どうしてあんなに睡眠時間がのびるのか。明日こそは授業に出ようと思っていても、絶対に目が覚めないのはなぜなのか。そのうち誰かが電話をくれたり、訪ねてきてくれたり、絶対にサボれない実習があったりして、なんとか出かけられるようになる。しかし、それらはおそらく偶然にすぎないだろう。僕はなにも、自分がかつて「ひきこもり」だったと言いたいわけではない。自分のささやかな経験に照らしてみても「ひきこもり」はわからないと、そう言いたいのだ。

人がなぜひきこもるのか、その問いにはいまだ答えがない。しかし考えてみれば、これはそんなに珍しいことではない。同じように、人がなぜ狂うのか、人がなぜ人を憎み、愛するのか、そうしたことにも解答はない。精神医学にはそれができると言う人がいる。しかし、おそらくそれは間違いだ。僕の尊敬するある精神科医はこう言った。「わかればわかるほど、わからなくなる」と。本当にそのとおりだ。精神医学、あるいは科学一般にできることは、原因ではなくて過程を明らかにすること、それだけだ。

わからないものを性急に理解しようとするとき、そこに誤解や偏見が生じる。その意味では「ひきこもり」へのさまざまな偏見も、かつて分裂病患者に向けられたそれと似たところがある。もちろん僕自身、専門家の端くれとして、偏見や誤解はできるかぎり正しておきたい。しかし同時に、「あるべき正しい理解」を押しつけるような傲慢さにも自覚的でありたいと考えている。いま必要とされているのは、「わからなさ」に耐えつつ、事実から学んでいく姿勢なのだから。彼らの語り口の軽さ、明るさに希望をみいだしつつ、自分がいまひきこもっていないことの不思議さに思い至ること。僕もまた、常にこの地点から出発し直さなければならない。

『私がひきこもった理由』（ブックマン社、二〇〇〇年七月）解説

トリックスター・勝山実への期待――勝山実『ひきこもりカレンダー』解説

勝山さんにはじめて会ったのは、二〇〇〇年八月に「ロフトプラスワン」で行われた「戦闘美少女VSひきこもり」という、奇妙なイベントでのことでした。勝山さんのインタビューが掲載された『私がひきこもった理由』（ブックマン社）の出版直後ということもあり、イベント後半の「ひきこもり」パートに出演していただいたのです。いまだから告白しますが、ブックマン社の編集者から彼のことを聞かされたとき、実はちょっと心配していました。どうも、なにか面白いトークが得意な人らしい。自薦他薦を問わず「面白い人」があまり得意ではない私は、一体どんな面白さをぶちかまされることかと一抹の不安

を禁じ得ませんでした。

そして当日、私の予想は快く裏切られることになります。イベント後半に入って登場した勝山さんは、満場の観客にもさして緊張するでも気負うでもなく、ひょうひょうとしたひきこもりキャラを演じきってくれました。「ひきこもりは贅沢じゃないんです、貧乏なんですよ」「自分で稼いだ一万円も、親から貰う一万円も同じ」など、次々と繰り出される名言至言の数々に、場内は爆笑に次ぐ爆笑。私が主催したイベントではありましたが、この日の主役は実は彼だったのではないかというのがもっぱらの評判でした。これが誇張ではない証拠に、勝山さんはロフト店長の横山氏から「最も有望な新人（何の？）の一人」と太鼓判を押されています。当日の司会を担当してくれた精神科医・山登敬之氏も彼がすっかり気に入ってしまい、週刊誌の連載コラムで取り上げたほどです。

にわかに盛り上がった勝山ブームに便乗して、私はこれに続く二〇〇〇年一〇月のイベントでも、藤井誠二さんやだめ連の人たちとともに、彼に参加してもらいました。彼は今回もエンターティナー勝山として独自のひきこもり理論を展開、「自宅待機」という言葉がはじめて発表されたのも、この時ではなかったかと記憶します。

さて、二〇〇〇年という年は、「ひきこもり」元年として記憶されることになるでしょう。新潟の少女監禁事件や京都の小学生殺害事件、佐賀のバスジャック事件など、「ひきこもり」に関連すると思われる事件が立て続けに起こり、この問題に対する認知度も一挙に高まりました。しかし、そのほとんどは誤解か無知にもとづくものであり、さらに悪いことには、こうした誤解の上に批判や非難がなされてしまったのです。犯罪者予備軍的な見解が徐々に沈静化していったことは幸いでしたが、いまだに彼らを「贅沢」とか「甘え」とかの言葉で批判する人がこれほど多いとは意外な驚きでした。

いっぽう私自身も、にわかに起こったブームに巻き込まれてマスコミ露出度が増え、国もとの親は喜びましたが自分はくたびれ果てていました。同じことを何度も話すということは、楽な反面、きわめて徒労感が大きいことです。それでも「ひきこもり」の専門家が多くないことや、私の側にも啓蒙的立場という使命感めいたものがあって、後には引けない状況がいまだに続いています。

大多数の人が不本意ながらひきこもらざるを得ない現在、「ひきこもり」は一度、徹底して肯定されなければなりません。私は、青少年がひきこもる権利を社会がしっかりと保障すべきであると考えています。「ひきこもり」が生き方の選択肢の一つにまで高められるとき、間違いなく「ひきこもり」は減少するでしょう。なぜなら本当にひきこもる素質に恵まれた人の数は、常に少数であるからです。しかし「ひきこもり」を肯定すると言っても、お題目だけでは人は動かせません。若者を動かす上でもっとも有効なのは、実は同世代の若者モデルなのです。カリスマ美容師ブームが美容師志望者を爆発的に増やしたのはつい最近のことです。もしも「ひきこもり」にもカリスマがいたら。そんなことを夢想していたところに登場したのが勝山さんでした。

勝山さんはしかし、カリスマというポジションとはちょっと違う位置にいる気がします。むしろ彼はトリックスターなのかもしれません。彼の言う「エンターティナー」を道化と考えるなら、まさに彼はトリックスターたることを積極的に引き受けているのかもしれません。トリックスターは破壊と創造をつかさどります。規範と秩序の境界をやすやすと侵犯し、権威や紋切り型をあざ笑いつつ、ひきこもりの当事者すらもしばしば脅かします。ひきこもり当事者の主張は、しばしば生真面目すぎてアイロニー的なものになりがちですが、勝山さんの言葉は真の意味でユーモアに溢れています。たとえば勝山さんの発明した「自宅待機」という言葉一つとっても、そのセンスの確かさを信ずることができるでしょう。彼によれば可もなく不可もない本の著者である私も、いずれ笑いのめされる可能性はあるし、それはそれで良いことであると思います。

この本には、きっと親の世代からの強い批判が確実にあるでしょう。あるいは、ひきこもり当事者からも反発される可能性もある。しかし私は、それでも彼の戦略を支持したいと思います。「ひきこもり」をめぐる言説はあまりにも貧しい。とりわけ批判側の語彙の貧しさときたら、眼を覆わんばかりの惨状です。かたや「ひきこもり」を擁護する側の発言も、かつての不登校をめぐる論議をいまだにひきずっていて、こちらも紋切り型に陥りやすい危険がある。「ひきこもり」は、もっと多様に、もっと豊かな言葉で語られるべきであると私は考えます。勝山さんというトリックスターの出現によって、少しでも「ひきこもり」を語る言葉が活性化されること。そのことがもたらす治療効果を信ずるがゆえに、私はこの本が少しでも多くの人に読まれることを強く願っています。

勝山実『ひきこもりカレンダー』（文春ネスコ、二〇〇一年二月）解説

「喪失」との出会い――映画『青の塔』に寄せて

「ひきこもり」を描いたフィクションの、これは最初の傑作である。

映画は運河のほとりで、日々ミジンコを眺めて暮らす一人の青年の生態を描き出す。ベータカム撮影素材から三五ミリキネコ起こしの映像による、いかにも寒々としたコントラストのきつい画面と、同時録音されたとおぼしいノイズ混じりの生活音が、ひきこもる生活のフラットな孤独を、その肌触りまで克明に描き出す。ひきこもり体験者だという主演の青年のたたずまい、その凍りついたような表情や訥々とした語り口には、物静かながらもある種の不穏さがひそんでいる。起伏の乏しい二時間半もの長編がこれほどの集中を強いるのは、没入性の高いビデオ画面もさることながら、この不穏さゆえではないだろうか。

そして忘れるべきでないのは、彼の母親の存在である。この母親が運動靴で青年を殴り続けるシーンは、映画の一つの白眉であろう。「いつまでいるんだ！」という痛ましい絶叫

は、青年のみならず、それを許してきた母親自身にも等分にふりかかる。このシーンに限ったことではない。夫と離婚し、口を利かない息子を抱え、はげしい労働で生活を支え続けるこの母親の存在感こそが、映画のリアリティの背骨を支えている。

もちろん、不満がないわけではない。妹を死なせてしまった体験からひきこもること、妹の分身のような少女との出会いによって、ある種の救済がなされるということ。そのような物語において「ひきこもり」を語ってしまうことに、この映画の、一つの限界があるとも考えられる。それは単に「事実に即していない」という非難ではない。いかなる物語からも、いかなる喪失からも隔てられていることに、「ひきこもり」の本質的な悲劇性があると私は考える。だから多くの「ひきこもり」青年たちは、「妹を死なせる」という過酷な体験にすら、一抹の羨望を抱いてしまいかねないのだ。

そう、ひきこもり青年は観察者だ。彼はただ、この世界のありようを懐疑しつつ、まるでミジンコを眺めるように、ひたすらすべてを観察しようとする。窓の外を走り去る子どもたち。深夜マッサージ業に奔走する母親。性を売る少女。彼はすべてに参加を禁じ、一切を見守り続けるだろう。それは容易に想像されるように、妹の死というトラウマのためなのだろうか。おそらく、そうではない。トラウマはむしろ人を過剰に活動的にする。青年がおそれているのは、トラウマではなく、社会に参加することによって、妹の記憶がトラウマ化されてしまうことではなかったか。妹の記憶を封印し、ひきこもることで時間を止めてしまえば、リアルな妹の現前性は保たれる。もしトラウマになってしまったら、その喪失は決定的なものになってしまうだろう。だから彼は身動きができない。彼は妹の記憶にみずから望むようにして呪縛され続けるほかはないのだ。

そこに亀裂を入れるべく、もう一人の少女が必要とされたことは、むしろ自然なことだったかもしれない。おそらくは乱暴され、傷ついた少女を救うこと。彼女が暴力的に社会から疎外された存在であったからこそ、彼にはこのような大胆な行動がとれたのだろう。そして彼女が相手であったからこそ、死んだ妹の記憶を懺悔のようにして語ることができたにちがいない。傷ついた少女を救うことはそのまま彼自身の救済であり、それはとりも

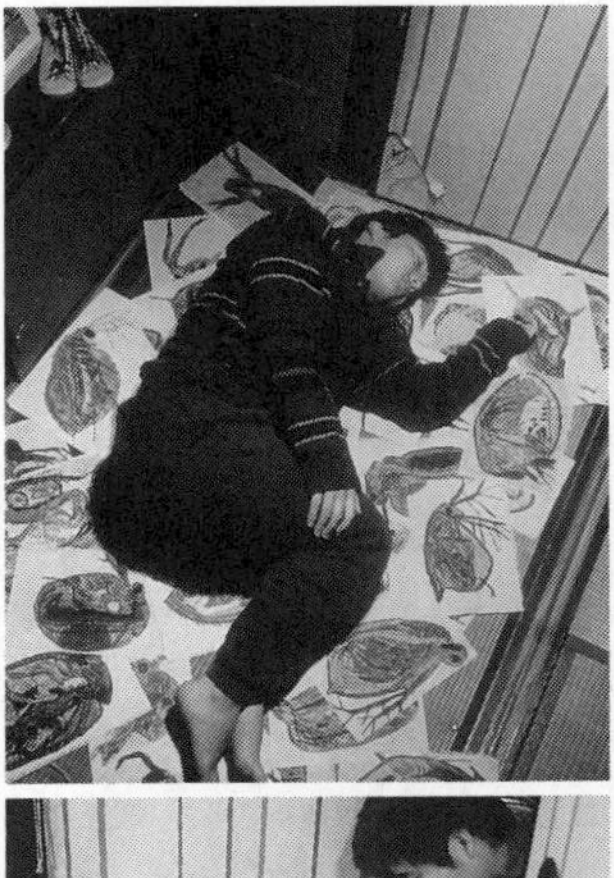

「青の塔」より

なおさず、妹の喪失をトラウマとして引き受け直すことではなかったか。みずからを解放するようにしてミジンコを運河に放ち、少女もまた家路につくとき、彼の部屋には彩色されたミジンコではなく、モノクロの少女の絵が残される。そう、妹は少女の存在とともに十分に喪失された。あらゆる「出会い」の本当の価値は「喪失」のあとでわかるものだ。そしてラストシーン、自転車で走る青年の笑顔は、喪失を引き受けたものの勁さで輝いている。

坂口香津美監督作品『青の塔 Blue Tower』(二〇〇一年)パンフレット

密室をひらくカメラの力——映画『home』に寄せて

この作品には驚かされた。「癒し」映画なら簡単に作れる。しかし、ここでは映画が「治療」になっている。本当にそんなことが可能だったとは。

ホームビデオのざらついた画面に映し出される自分の家族。一瞬、「またか」と思う。あの傑作『ファザーレス』以来繰り返されているであろう家族語り映画。その内向的なナルシシズムに辟易して、もうみるのをやめようかとすら思う。画面は、うつ病治療中という母親が「撮らないでくれ」と泣いて懇願する姿をも容赦なく映し出す。それすらも「この葛藤にもかかわらずあえて撮る」という、作者のエクスキューズに思えてくる。これもまた甘えであり、家庭内暴力の一種なのではないかという疑いがふと思い浮かぶ。しかし、カメラがひきこもる兄を映し出すあたりから、画面から目が離せなくなる。それはおそらく、ひきこもり問題を専門とする精神科医という、私の職業ゆえのことではない。むしろこの映画は、ひきこもりの実態を知らない人がみるほうが、いっそうのショックと関心をかき立てられたはずだ。潔癖症で、無意味なまでに居丈高な兄。病弱な母親にすら容赦なく手を上げ、ついにはおびえた母親を追いつめて、自宅の車庫に避難させてしまう兄。おそらく映画の前半部分でこの人物に共感できるという人は、ひきこもり当事者も含めて、ほとんどいないだろう。

はじめ作者は、横暴な兄に紋切り型で詰め寄ろうとする。「病弱な母親を叩くなんて！」と強硬に批判しようとする。そして案の定、兄から手ひどく逆襲される。無理もない。これは誰もが通る道なのだ。むしろ不思議なのは、作者が兄にあっさり謝罪し、次第に兄の言葉に耳を傾けるようになっていく過程のほうだ。作者は特別に「できた人」なのだろうか。そうかもしれない。しかし私は、そこにこそ「カメラの効果」をみてとる。

一般にひきこもっている人は、プライヴァシーが侵されることにひどく過敏になっている。もしこれが弟でなければ、兄はけっしてカメラの前に立とうとはしなかっただろう。カメラは一種の暴力だ。その暴力性を自覚しているがゆえに、作者は兄に対してあれほど謙虚に向き合うことができたのではないか。肉親を素材に作品を制作するという「うしろめたさ」が、ひきこもる兄への引け目となって、作者の寛容さと受容性を支え続けるのだ。肉親間の関係は、しばしば二者関係の泥沼に至りやすい。しかしカメラは、その関係に第三の視点から風穴をあけ、「距離」をもたらす。こうすることで、はじめて対話が可能になるということ。それは、ぎりぎりの切羽詰まった状況下でしか生まれないような、まさにコロンブスの卵的発想ではなかったか。

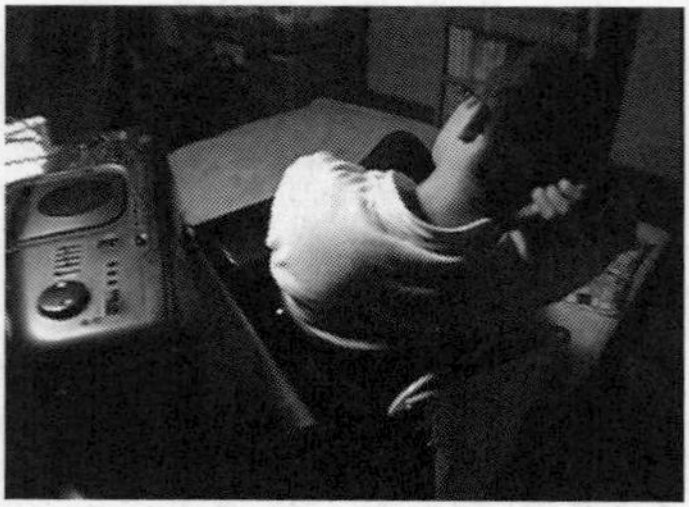

『home』より

出立前夜の兄の独白は感動的だ。七年間のひきこもりの果てに、なぜ兄はこのように考えるに至ったのか。なぜ兄はカメラに独白を残したのか。みずからを撮影するカメラのまなざしによって、兄ははじめて「社会」との唯物論的な出会いを遂げたのだろう。ひきこもりは密室で起こる。密室とは不可視なものである。そこに根城を置き続けるかぎり、兄は現実と「雲の上を歩いてる」ようにしか触れあうことができない。しかしひとたび、密室を展開し可視化する視線＝カメラが入り込むと、密室の秩序は崩壊する。この崩壊こそが、兄に「現実」のリアルな手応えと、「出立」の契機をもたらしたのだ。

見ることは見られることだ。その意味において、まなざしは対話そのものである。対話はときに破壊と創造を通じて、人を社会化へと誘惑する。これは対話の内容にかかわりなく、対話そのものに宿る力だ。私はひきこもり治療に関わるようになってから一貫して、彼らをむやみに引っぱり出そうとする試みの無意味さと、「対話＝コミュニケーション」の重要性を唱えてきた。就労も就学も治療の目標たり得ない。ただ親密な関係性とコミュニケーションの契機を得ることで、人はおのずからひきこもりを脱することができるのではないか。それを可能にするのは、必ずしも専門家とは限らない。むしろ非‐専門家の意表をつくようなアイディアがはるかに有効な場合もある。この作品をみて、私はみずからの考えが間違っていなかったことをあらためて確信した。

私はこの作品を、多くのひきこもり当事者とその家族に観てもらいたい。それは何も「カメラ治療」を流行らせるためではない。そんな形だけを真似ても無意味なのだ。むしろ本当に望ましい変化とは、ぎりぎりの状況で発揮される、プライヴェートな創造性からもたらされるのだろう。そのような作者のメッセージにこそ、この映画の真の治療的価値があるのだと思う。

小林貴裕監督作品『home』（二〇〇一年）パンフレット

あとがき

一九九八年に『社会的ひきこもり』という小さな本を出してからというもの、私の身辺はにわかに騒然としたものになった。精神科勤務医としての業務に加えて、当時まだ世にあまり知られていなかった「ひきこもり」問題について、啓蒙的な活動に関わらざるを得なくなったためである。しかし本来、「啓蒙」というものは、自分が専門家として熟知していることを人々にわかりやすく伝えていくものであるはずだ。ところが、この問題は、およそ事情が違っていたのである。

先行研究がほとんどない状態で、無手勝流とまでは言わないものの、手探り的に方法論を模索していた私は、いまだにこの問題の専門家として紹介されると、若干のとまどいを禁じ得ない。多少は事情を知る人にとっては、片腹痛いような言い訳かもしれないが、誤解もあるようなので訂正しておこう。私は「ひきこもり」の命名者ではないし、まして最初にこの問題を見出したパイオニアでもない。

もちろん説明概念や対応上の方法論については、自分なりに工夫した部分も多少はある。しかし、そうした部分も含めて、ひきこもり問題については、今後ともいかなるプライオリティをも主張するつもりはない。それは、本書の内容についても同じことだ。そうなると、つい時流に乗って「ひきこもり対策のオープンソース化」などと口走りたくなるが、へそ曲がりの私は、ここでも立ち止まってしまう。リナックスなどのOS言語ならいざ知らず、この種の問題はそうした開放性と、かなり相性が悪いのではないか。そうした懐疑がどうしても捨てきれないのだ。

だから、さしあたり私にできそうなことは、私自身が「ひきこもり」については、できるだけ開放的に振る舞い、多くの批判にさらされつつ学習し、さらにその成果をふたたびオープンにしていくことだけである。以前にも書いたが、私はひきこもり問題の媒介者ないし仲介役に、自らの理想的役割を見出しているからだ。

さて、本書はタイトル通り、実用の書ではない。「ひきこもり」をめぐって、私が折に触れて考えてきた、どちらかといえば周辺的問題を中心に取り扱っている。本文中でも述べたことだが、私自身は、この問題には社会文化的要因が深く関与していることを確信している。それに加えて、周辺を考えることが中心を再活性化する、という意図もあり、こうした非臨床的な原稿も数多く書いてきた。さらに、「書くこと」を通じて私自身、ひきこもりへの認識を深めてきたとの思いがあるのだが、本当にそうかどうかは読者、とりわけ当事者の判断にゆだねよう。

「ひきこもり」は、私たちの日常の目にはなかなか見えにくい問題だ。しかしそれは、私たちにとってもっとも身近な鏡でもあるのだ。その意味で私が本書で目論み、今後も引き続き継続していこうと考えているのは、「ひきこもり」を通じての「日本人論」の解体でもある。「日本人論」の成立は、「ひきこもり」の成立と、その再帰性において共通するのではないだろうか。だとすれば、その成立＝作動条件を、精神分析的、あるいはシステム論的な視点から明らかにすることにも意味がある。そうした発想が、この「文化論」の基底を支えている。とはいえ、むろんその作業は、いまだ途上にある。

本書の内容について、簡単に触れておく。

第Ⅰ章は本書のための書き下ろしであり、第Ⅱ、第Ⅲ章は、さまざまな媒体で書いてきた啓蒙的原稿の内容を編集しなおしたもので、ほとんど原形をとどめていないため、初出は記さなかった。第Ⅳ章は『中央公論』二〇〇一年二月号に発表した原稿をもとにして、やはり大幅に加筆修正を加えた。第Ⅴ章については、「ひきこもり」周辺のテーマで書いた原稿をほぼそのままの形で再録した。初出はそれぞれの文章の末尾に記してある。

表紙の奇矯さでは定評のある私の著書ではあるが、今回はまた妙におとなしすぎると感じた方もおられるかもしれない。むろん本書の内容からして、現代アートやアニメ美少女は似つかわしくないということもある。しかし、ちょっとだけ注釈させてほしい。この絵がかのオディロン・ルドン作であると知って、意外に思われた方も多いのではあるまいか。

なにしろ花や神話、ときには水木しげるも引用するような怪物も描いたことで知られる画家である。

この「薔薇色の岩」という作品には、昨年九月、たまたま講演先で立ち寄った島根県立美術館の「オディロン・ルドン展」で出会った（もともとは岐阜県美術館所蔵）。この孤岩のたたずまいに何を見るかは、読者諸氏におまかせする。ところで私には当初から、本書の表紙にはこれしかない、という強い思いがあったということは記しておこう。

本書の第Ⅱ～Ⅳ章の加筆修正に際しては、成田毅さんにご協力いただいた。不揃いな文体で重複の多い原稿たちをすっきりと一本化してくれるプロの仕事が加わらなかったら、本書の完成はさらに遅れたはずである。成田さんの尽力に感謝します。

本書の企画段階から三年余、紀伊國屋書店の担当編集者・藤﨑寛之さんには、ずいぶんとご迷惑をおかけしました。書いた原稿をあれもこれもと収録したがる私を制して、すっきりした構成にまとめてくれたのは彼の功績です。追い込み段階からは、近所のファミリーレストランで監視されつつ半日を執筆に費やすという、編集者にとってはたいへん迷惑な新企画も加わって、なんとか完成にこぎつけることができました。その忍耐力とマメさあっての本書です。本書成立の最大の功労者である、藤﨑さんに感謝いたします。

二〇〇三年十一月十九日

市川市行徳にて

斎藤　環

文庫版　補足と解説

はじめに

この文庫のもととなった単行本が出版されてから、すでに一〇年以上が経過しました。その後、ひきこもりを取り巻く状況には、さまざまな変化がありました。支援体制はいくぶん改善されましたが、今のところはマイナーチェンジに留まると言わざるを得ません。社会的な受容状況については、二〇〇〇年代初頭のような「ブーム」はとうに過ぎ去り、かつてのように危険視されることもないかわりに、社会問題としての認識も後退したかに見えるところもあります。「ひきこもり」という言葉は流行語ではなく日常語として定着し、今や誰もがその意味を知っています。かつてほどのスティグマ性はなくなったかわりに、ふたたび不可視の透明な存在になりつつあることが懸念されます。

本書を文庫にまとめるに際して、私はほとんど手を加えませんでした。自分でこう言うのも何ですが、今回改めて読み直してみて、当時の認識が意外に古くなっていないと感じたためです。もちろん現時点では見解が変わってしまったところもありますが、当時の記述には一種の勢いというか、発見の高揚感のようなものがあり、それはそれで記録として残しておきたいと考えたためもあります。

現在の支援状況について率直に言えば、ひきこもり問題はゆっくりと深刻化しつつあります。最大の問題は、当事者とその家族の高齢化が急速に進行しつつあることです。最近の私の調査では、当事者の平均年齢は三四・四歳、両親の平均年齢は六五・五歳でした。もはやひきこもりは「青年期の問題」ではなくなりつつあるのです。文化論の領域として、私はこの点について「二〇三〇年問題」として繰り返し警鐘を鳴らしてきました。この点については後述します。

ただし本書の性質上、治療や対応上の変化についてはここでは述べません。最近の支援状況については拙著『「ひきこもり」救出マニュアル』〈理論編〉〈実践編〉（いずれもちくま文庫）の「補足と解説」をご参照ください。本書の「補足と解説」では基本的に、社会文化的視点からのひきこもり理解について述べます。

「ひきこもり」から「ニート」へ

多くの人はひきこもりの知識をテレビや新聞、ネットなどから得ています。あなたが当事者や、当事者の家族や知人ではないかぎり、あなたのひきこもりに関する知識はメディアを通じてのものでしょう。私が一貫してメディア対策にこだわってきたのも、ややともすれば透明な存在に陥ってしまいがちなこの問題を、少しでも可視化しておきたいという思いがあってのことです。私の認識では、「ひきこもり」はすでに診断や治療といった狭い領域の問題ではありません。ホームレスや孤独死などと同じ意味で、社会的排除の問題です。そうである以上、社会に向けて折に触れ注意喚起をしていく必要がある。そう感じるのは自然なことではないでしょうか。

そういうわけで、まずはメディアにおける受容の変遷について簡単に振り返っておきたいと思います。

二〇〇二年、イギリス公共放送のBBCがひきこもり紹介番組「Japan: The Missing Million（日本：失われた一〇〇万人）」をテレビ放映し、国際的にも大きな反響を呼びました。私もこの取材には全面的に協力しましたが、海外でひきこもりが大きく紹介されたのはこれが最初のことでした。

これに続く二〇〇三年には、NHK教育テレビジョン（現在はEテレ）で、一年間にわたって「ひきこもりサポートキャンペーン」が組まれました。こちらにも企画・出演・番組ウェブサイト上の相談窓口などに深く関わりました。テレビ報道の世論喚起力はかなり高いのですが、その影響はしばしば一過性です。しかしこの企画は、一つの問題に対して時間を掛けて問題提起と対応を行おうとしており、啓蒙活動としても大きな意義を果たしたと思います。

このキャンペーンも終息し、ひきこもり問題への注目度が下火になった頃に、よく似た問題が大きくクローズアップされてきました。それが「ニート」です。

二〇〇四年には玄田有史・曲沼美恵『ニート――フリーターでもなく失業者でもなく』（幻冬舎）がベストセラーとなり、ひきこもりに近い非社会的な若者の代名詞として知られるようになりました。「NEET（ニート＝Not in Education, Employment or Training）」概念そのものはイギリス由来のものですが、日本に導入される際に定義などがかなり変更され、「日本版ニート」とも言うべき概念として定着しています。フリーターやニート問題への注目は、若年無業者対策の一環として大きな意義があったと言えるでしょう（玄田さんには光栄にも本書の解説をご担当いただきました）。

ちなみに玄田有史氏はその後、二〇一三年の著書『孤立無業（SNEP）』（日本経済新聞出版社）において、スネップ（SNEP）という概念を提唱しています。これは「二〇歳以上五九歳以下の在学中を除く未婚の無業者のうち、普段ずっと一人でいるか、家族以外の人と二日連続で接していない人々」とされ、「孤立無業者」などとも呼ばれます。

この概念は新しい差別につながるなどの批判も受けましたが、私の理解では、ここにそうした価値判断は含まれていません。むしろ、過去の人口統計調査を遡って調査対象にしやすくなるという点で大きな意義があると考えています。NEETのような流行語に位置づけられなかったのは、基本的に調査研究用の概念だったためではないでしょうか。ちなみにSNEP人口は二〇〇〇年代に急増し、二〇一一年の時点では国内に一六二万人が存在していると推計されています。彼らの支援を早急に行わない限り、近い将来事態は急速に深刻化するでしょう。

この問題に関連して、私がかねてから懸念しているのが「二〇三〇年問題」です。私の推計では、二〇三〇年頃から、ひきこもりやニートの第一世代が、老齢年金の支給開始年齢である六五歳を迎えはじめます。親の年金で生活し、ほとんど所得税も納めたことのない高齢者が、突如として数万人規模で出現することになるのです。その時果たして、年金の財源がその負担に耐えられるでしょうか。そのとき世論は、彼らのような存在にどこまで寛容であり得るでしょうか。

私の予測が外れるとしたら、それは彼らが年金を請求する代わりに、自殺や孤独死を選んだ場合のみです。深刻な事態には変わりありません。現時点で十分に予測可能な問題だけに、政策レベルでの対応が望まれる問題の筆頭格、と言えます。念のために付け加えておけば、これを予防しうる政策がありうるとすれば、大規模で包括的・継続的な就労支援策をいますぐ実施することをおいて他にありません。

ひきこもり肯定論と矯正事業の衰退

ひきこもり支援は本書のテーマではありませんが、支援の手法や考え方にも文化的な要素が少なからず影響します。この一〇年間で起きた重要な変化を簡単にまとめれば、根拠のない「ひきこもり肯定論」ならびに「ひきこもり矯正事業」の衰退でした。

二〇〇〇年代初頭にひきこもりの話題が盛んになった時期、ひきこもりを巡ってさまざまな発言がなされました。「ひきこもりは贅沢」「ひきこもりは甘え」といった素朴な〝感想〟は、早々と淘汰されましたが、その後に登場したのが吉本隆明氏や芹沢俊介氏といった面々によるひきこもり全面肯定論です。彼らの多くは臨床家ではないので、ひきこもりに対する認識そのものが私に言わせれば誤解も多く、その主張も「周囲がいじるからおかしくなる」「放っておけばなんとかなる」といった正常性バイアスが強くかかったものだったように思います。

もちろんその中で私の活動に対しても強い批判がなされたわけですが、ひきこもりの高年齢化というシビアな現実を前に彼らほど楽観的になれない私としては、まことに無念な思いでした。それにしても不可解なのは、後述するようにひきこもり対策はすでに医療化の方向が既定路線となったわけですが、この「ひきこもりの多くは病気なので治療が必要」という厚生労働省（以下、厚労省）の方針に対して、ひきこもり肯定論者の面々が目立った批判をしていないことです。私のような小物を叩くよりも、こうした政治のありようを批判してこその評論家だと思うのですが、どうやら私の買い被りだったのでしょうか。

肯定論の衰退には二つの要因があったと思います。ひとつは、ひきこもりの高年齢化がシャレにならない水準になってきたこと。こうなると彼らの「放っておけばなんとかなる」、あるいは「豊かなひきこもり」といった論点は説得力を失わざるを得ません。またもう一つは、「大人の発達障害」論が盛んになって、ひきこもりの中にかなりの割合でそうした事例が含まれていると言われ始めたことがあります。ひきこもり肯定論者は、なぜか発達障害概念については無批判に受け容れる人が多いようで、「発達障害ならしかたない」と関心を引き上げてしまったのかもしれません。

もう一つ、こうした肯定論と平行して問題化したのは、ひきこもり矯正事業です。二〇〇〇年代に象徴的な事件が二つ起こりました。一つ目は二〇〇六年四月の「アイ・メンタルスクール」事件です。これは名古屋市内のひきこもり支援施設で、二六歳男性が監禁拘束中に死亡した事件で、関わったスタッフは逮捕され実刑が確定しています。また同年、「アイ・メンタルスクール」責任者の姉が運営する「長田寮」も、元塾生から、無断撮影やスタッフの暴力について訴訟を起こされ、翌年敗訴が確定しています。

この二つの施設は、スタッフ自ら「拉致監禁」と豪語するような手法でひきこもりに就労を強要する事業を続けていました。とりわけ長田寮の責任者である長田百合子氏は、ひきこもりが話題になった二〇〇〇年代前半は「奇跡のおばちゃん」などとマスコミで重宝された存在でした。成人したひきこもり青年を屈強なスタッフを引き連れて文字通り拉致監禁するという、合法性すら危ぶまれるような暴行シーンが繰り返しテレビで放映され、世間や評論家はそれに喝采し、あるいは好意的に評価していました。かくも野蛮な時代からまだ一〇年も過ぎていないことに戦慄を禁じえませんが、実はこうした矯正活動をする団体は今もわずかながら存在します。もはやメディアには登場できませんので、地下でひっそりと活動している状況ですが。私としては、この手の場所《アンダーグラウンド》に子供を〝捨てる〟くらいなら、まとまったお金を渡して世帯分離をするほうがはるかにましだと思うのですが。

医療化の問題

さて、現在の支援についての考え方は、一〇年前よりはかなりマシになりました。それを端的に示しているのが、二〇一〇年に公開された厚労省のひきこもりガイドラインです。二〇一〇年に、厚労省から「ひきこもりの評価・支援に関するガイドライン」が発表されました。これは、ひきこもりに関わりのある専門家（私もその一員として参加しました）の研究班が三年間にわたって調査研究を行った成果をまとめたもので、以下にPDFファイルがあります。http://www.ncgmkohnodai.go.jp/pdf/jidouseishin/22ncgm_hikikomori.pdf

ちなみに本ガイドラインにおけるひきこもりの定義は以下の通りです。

「様々な要因の結果として社会的参加（義務教育を含む就学，非常勤職を含む就労、家庭外での交遊など）を回避し、原則的には六ヶ月以上にわたって概ね家庭にとどまり続けている状態（他者と交わらない形での外出をしていてもよい）を指す現象概念である」。この後に統合失調症との鑑別が重要であるという記述が続きますが省略します。私の定義と本質的にはほぼ同じと考えて良いでしょう。

この厚労省のガイドラインと同時に公表された調査報告の中で、もっとも注目されたのは、ひきこもりに含まれる「精神疾患」の多さでした。一八四人を対象になされた調査の結果、一四九人（八〇・九％）に何らかの精神疾患が確認されたというのです。また、そのうちの四八人（三二・二％）には広汎性発達障害や知的障害などの「発達障害」を認められたといいます。

同じ研究班の一員として、この報告の責任の一端は私にもありますが、この「発達障害」率の高さは明らかに過剰診断ではないでしょうか。ここにも現在の「発達障害バブル」の影響を見るのは、果たして考えすぎでしょうか。もちろん、ひきこもり事例に「発達障害」など存在しない、と言いたいわけではありません。ただ、私の考えでは、どう多めに見積もっても、その割合はせいぜい一割強といったところです。

この点に関連して、日本のひきこもり政策（ただし厚労省を中心としたもの）を文化状況とも絡めて詳細に分析・報告したブルース・ローゼンタール氏の著作『もう外に出ても大丈夫？』（Rosenthal Bruce: *Is It Safe to Come Out Yet? Analysis: Japan's Policy for Hikikomori*, Scholars' Press, 2014.）はなかなか興味深い本です。わが国の代表的なひきこもり関係者に詳細なインタビューを行い、そこからひきこもり対策のおおよその方向性が浮き彫りになるように描かれています。

この本を読む限り、ひきこもり問題を医療の中に囲い込む方針は既定路線だったようです。私のような考え方、つまりひきこもりの社会問題としての側面を強調する立場は、医師からも官僚からも批判されており、ひきこもりを治療対象として扱うべき理由がめんめんと述べられています。

実は私もこの著者からインタビューを受けているのですが（テープ起こしの原稿は手元にあります）、この本にそれが掲載されていないのはそうした理由からだったのでしょう。ただ一点だけ自己弁護しておけば、私が本ばかり書いて原著論文がないという記述は単なる事実誤認です。

閑話休題、ひきこもり事例の多くが精神障害を持つとみなすことは、ゆきすぎた「医療化」につながってしまうおそれがあります。厚労省研究班の調査結果について注意すべきなのは、これがあくまでも「医療機関を受診したひきこもり事例」の診断分類であり、果たしてどの程度ひきこもり全体を代表する集団であるかはわからないという点です。病院を受診するひきこもり事例に精神疾患が多く含まれるのはある意味当然というか、単なるトートロジー（同義反復）です。

もちろんひきこもり支援に医療が関わるメリットはあります。たとえば、健康保険の適用によって当事者や家族の経済的な負担を軽減することができるでしょう。デイケアや作業所といった医療資源を活用したり、年金や生活保護といった福祉制度の利用も容易になるかもしれません。

しかし現在、親支援をはじめとするひきこもり相談に応じられる医療機関はきわめて限られています。ひきこもりは専門外という理由で門前払いされてしまうこともあります。医療化を進める以前に、まだまだ専門家への啓発活動が必要な段階なのです。

あるいは、ひきこもりが「病気」であるとする認識が、そのスティグマ性を高め、非同意入院をはじめとする治療の強制に結びつくおそれも無視できません。これはかつて精神医学が「不登校」に対しておかしてきた過ちにほかなりませんが、それを繰り返すべきではありません。

しかし最大の問題は、ひきこもりを医療の枠内に囲い込むことによって、医療以外の支援活動が制約をうける恐れがあることです。従来のひきこもり支援の現場において実質的な成果を挙げてきたのは、民間の就労支援団体をはじめとする、医療以外の支援の力です。むしろ医療の側は、彼らの「専門性」に対して一定の敬意を払いつつ、連携を模索する必要があります。現時点で治療的支援とは、「有効な支援手段の一つ」に過ぎません。

高齢化とライフプラン

医療以外の支援、といえば、近年、ささやかながら私が開拓に関わりえたと自負している分野が一つあります。「ひきこもりのライフプラン」です。

ひきこもり支援業界において、現在もっとも深刻な問題は先にも述べた「高齢化」です。当事者の高年齢化はもちろん、支える両親の高齢化も急速に進行しています。私の家族会で、一三三名の親御さんを対象に行った調査では、本人の平均年齢が三四・四歳、親の平均年齢は六五・五歳でした（この結果は、二〇一五年三月に開催された第三四回日本社会精神医学会で発表しました）。親御さんの多くが定年を迎え、経済的な支援の見通しが厳しい状況になりつつあります。

もちろん本人がもう三十代だから就労は不可能、などと言いたいわけではありません。何歳からでもチャンスはあります。ただ、残念ながら一〇〇パーセントではありません。就労支援は重要ですが、就労できなかった場合にどうサバイバルするかという視点も重要になってくるのです。つまり「お金」の問題です。

あいにく私はお金の専門家ではありません。しかし幸運にも、同じ問題意識で活動されているファイナンシャルプランナーの畠中雅子さんのことを知り、『ひきこもりのライフプラン』（岩波ブックレット）という共著本を出版することができました。この本はひきこもりに限らず、なんらかの障害やハンディキャップによって就労が困難なお子さんの「親亡き後」を考える上で、示唆に富む内容になっていると思います。

もし親に「万が一のこと」が起こった場合に、経済事情はどうなるのか。ライフプランとは、突き詰めればこの点を問題にします。資産や借金がどのくらいあるのか。保険金はどの程度期待できるのか。相続はどのようになるのか。相続に関していえば、この機会に遺言状を作成しておくことも検討しておくべきでしょう。きょうだいがいない場合は、「死後事務」についても話し合っておく必要があります。

こうした話し合いは、本人の危機感を煽るためではなく、本人をひとりの大人として信頼し、その自律した判断にゆだねるためになされます。

ライフプランを検討した結果、経済的に余力がなくご本人の扶養が難しくなりそうな場合は、そうした限界についても告げる必要があります。ご両親が「われわれの老後の生活を考えると、あなたを扶養していけるのはあとX年が限界だ。それ以降は障害者基礎年金か生活保護を受給しつつ別々の生活をしていこう」ということを宣言するわけです。

逆に経済的にゆとりがあることが本人に知られたら、本人が安心して働く気がなくなってしまうのではないかという不安もしばしば耳にします。しかしある当事者は、「親が自分を信頼して、経済事情を明かしてくれ、当分は心配ないことがわかったので安心して働こうという気になった」と話していました。このように、就労意欲の基盤となるのは、経済的な安全保障感なのです。

承認欲求の前景化

なぜ「安心」が社会参加につながるのか。その文化的背景として、若者における「承認欲求」の前景化があります。

多くのご家族は「安心」が「怠け」につながってしまうのではないかという懸念をなかなか捨てられないと思います。しかし実際のところ、家族がどれほど本人を安心させるよう努力しても、そこには限界があります。経済的にゆとりがあっても、家族が本人を干渉することをやめたとしても、本人は決して「安心」することはないでしょう。なぜなら本人が本当に求めているものは、「家族以外の他者からの承認」だからです。

現代の若者の自信と安心の拠り所は、もはや「お金」ではありません。それはほぼ「他者からの承認」に一元化されています。ひきこもっている当事者のほとんどが不安と葛藤にさいなまれているのは、誰よりもまず本人が、自らのひきこもり状態を深く恥じているからです。その状態が誰からも承認され得ないことがわかっているからです。

当事者の多くは、「食べるために働く」という動機づけをリアルに感じることができません。彼らを働く気にさせようとして、困窮するまで追い詰めたところで、それは就労につながるとは限らないのです。社会参加を促そうというのなら、むしろ「他者からの承認」という動機づけに誘導するほうがはるかに効果的です。

アブラハム・マズローの欲求五段階説に基づいて考えるなら、まず生理的欲求（「食べていけること」など）、安全欲求（「批判・非難されない居場所があること」など）、関係欲求（「孤立しないこと、家族関係の安定」など）が満たされて、はじめて承認欲求を追求しよう

マズローの欲求五段階説

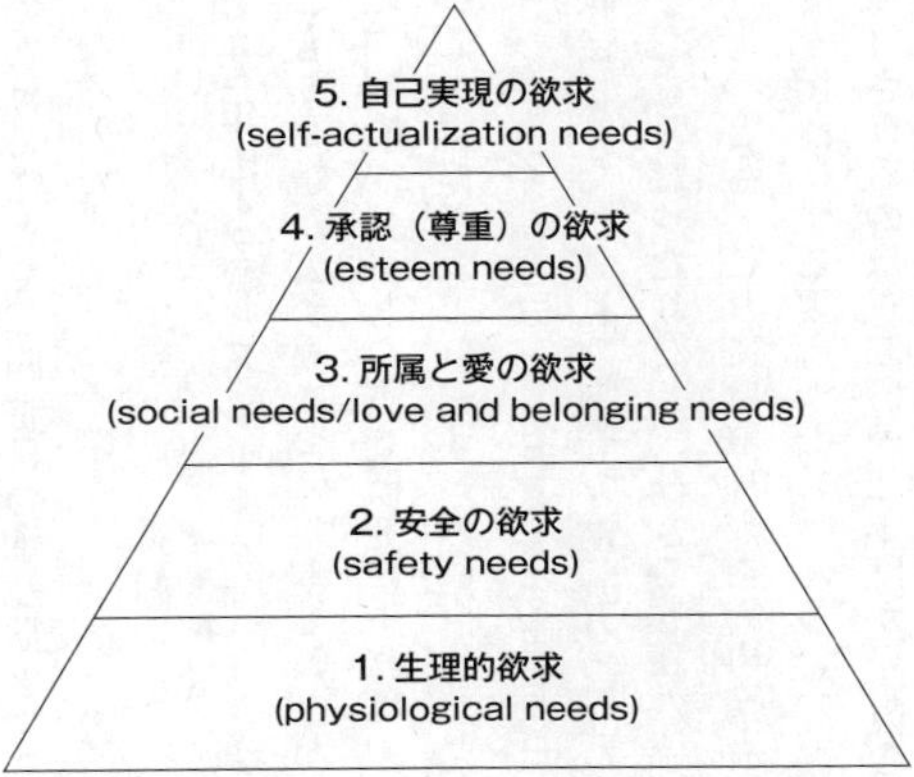

人間の欲求は１→５へと順番に生ずる。１が満たされなければ２は生じず、２が満たされなければ３は生じない。
かつて人は「１＝食べるため」に働いた。いま人は「４＝承認されるため」に働く。すなわち１から３までが確保されなければ４以上の欲求は自発的には生じない。

『「ひきこもり」救出マニュアル〈実践編〉』（ちくま文庫）より

るようになります。これは、「衣食足りて礼節を知る」という故事成語と同じ心理メカニズムです。つまり家族が、本人の生理・安全・関係それぞれの欲求を満たしてあげることで、四番目の承認欲求（＝就労動機）が芽生えやすい状況を作ることが可能になるのです。

ひきこもりと若年ホームレス

次に、ひきこもり問題の広がりについてみていきたいと思います。

二〇一〇年に内閣府が発表した調査研究によれば、日本国内には約六九万六〇〇〇人のひきこもりがいると推定されています（内閣府：若者の意識に関する調査〔ひきこもりに関する実態調査 http://www8.cao.go.jp/youth/kenkyu/hikikomori/pdf_gaiyo_index.html〕）。もっとも、ほぼ同時期に報告された厚労省の調査では二五・五万世帯だったり、過去何度か行われた調査の結果もまちまちだったりなど、ひきこもりの統計は、信憑性がいまひとつという印象があります。もっとも、これには無理からぬ事情もあって、社会的偏見や受診率の低さなど、実態調査を困難にする要因がたいへん多いのです。

そんな中で注目されるのは、二〇一二年度から町田市が実施しているひきこもり調査です。この調査の結果、「回答者自身または、家族がひきこもり状態である」とした市民が五・五％にのぼりました（町田市保健所「町田市ひきこもり者支援体制推進事業の取り組み」

http://www.fukushihoken.metro.tokyo.jp/minamitama/mt_shoku/forum.files/k-5-2.pdf）。ここから推計されるひきこもり人口は、従来の調査とは比較にならない規模となります。

私は最初の著作からひきこもり人口一〇〇万人説を提唱してきましたが、現在は確実にそれを超える水準に到達していると確信しています。後述するとおり、ひきこもりの存在は、その規模からも深刻さからも、アメリカやイギリスにおけるヤングホームレスの問題と社会的排除という文脈において等価であると考えられます。だとすれば、ホームレス支援と同様に、ひきこもり支援事業も、社会システムにおける恒常的なインフラとして位置づけられるべきでしょう。

ここで、ひきこもりの国際比較についても述べておこうと思います。

"Hikikomori"という言葉は、二〇一〇年には「OED（オックスフォード英語辞典）」にも掲載され、いまやこの現象が日本発という認識は国際的に定着したようです。ちなみに辞書での記載はごく簡単で、「（日本において）社会的接触を異常なまでに回避すること。青少年の男子によくみられる」とあります。

しかし本書でもふれているとおり、ひきこもり問題は日本に限った現象ではありません。韓国もひきこもり大国の一つです。ただし韓国のひきこもりは、オンラインゲーム依存が多いという違いはありますが。このほか台湾や香港の研究者からもひきこもりの増加について話を聞いたことがあります。

大学院で私が指導を担当した中国からの留学生、舒悦君の調査では、中国でも日本のひきこもりに近い生活を送る若者の存在が知られつつあるとのことです。ちなみに中国では、日本で言えばパラサイト・シングルに当たる「啃老族（こうろうぞく）」という若者の存在が社会問題化しているようで、彼らが中国におけるひきこもり予備群となるのかもしれません。

以上からわかるとおり、もはやひきこもりを日本人の国民性や日本の社会病理と結びつけて論じるべきではありません。それはこの問題の中核にある「社会的排除」という本質を、日本文化というローカルな問題に矮小化することにつながってしまうからです。

ひきこもりを個人や家族の病理というミクロの視点から検討することは有効な支援を考える上で欠かせませんが、マクロな視点から青年における「社会的排除」として見ることも重要です。そう、「ひきこもり」とは、「若年ホームレス」などと同様に、青少年が社会から疎外されていく形式の一つでもあるのです。

どんな社会にも、そこから疎外される青年は一定の割合で存在します。そうした疎外を根絶できた社会はいまだかつて存在しません。そして、社会から排除された青年たちの居場所は、「家の中」か「路上」のいずれかしかないのです。

日本は幸いにして、若いホームレスが非常に少ない国です。厚労省の統計でも一万人以下ということですから、先進諸国中でも異例なまでに少ないと言えます。ならば日本では、若者の社会的排除は起こっていないのか。そんなはずはありません。彼らの多くは、ホームレスになる代わりに、自室にひきこもってしまうのです。

ホームレスとひきこもりを「社会的排除」という同一平面で比較検討することで、日本文化論といった狭い文脈から離れて、この問題を構造的に理解することが可能になります。ひきこもりにもホームレスにも、単なる「自己責任」ないし「病気」では済まされない側面があるのです。そこには、社会や家庭の事情によって、本人が意図したわけではないのにそうなることを余儀なくされるという側面が確実に存在します。

それでは、社会的排除が「ひきこもり」と「ホームレス」のいずれの形式に至りうるか、そこを分ける要因は何でしょうか。結論を先取りして言えば、これは「家族文化」とりわけ「成人した子供の両親との同居率」ということになります。

先進諸国中、独身青年の両親との同居率が七〇%以上の地域は、日本と韓国以外ではイタリアとスペインがあります。イタリアはEU諸国中、最も早くからひきこもりが社会問題化している国です。また、スペインにも同様の問題があると当地の研究者から聞いたことがあります。ここから推定できることは、同居率の高さとひきこもりの多さは相関関係にあるということです。

厳密な統計調査はまだありませんが、同居率の低いイギリスやアメリカでは若年ホームレスがきわめて多い。イギリスには二五歳以下のホームレスが二五万人いると報じられています（二〇〇六年一一月一四日付ＢＢＣニュース　http://news.bbc.co.uk/2/hi/uk_news/6134920.stm）。アメリカに至っては五〇万人から一七〇万人の間と推計されています（"Homelessness Among U.S. Youth" http://www.tapartnership.org/docs/3181-YouthHomelessnessBrief.pdf）

青年の親との同居率が高い地域では「ひきこもり」が多くなり、同居率が低い地域では「若年ホームレス」が増える傾向があるのではないか。この前提が正しければ、家族主義がひきこもりをもたらす一方で、個人主義がホームレスをもたらすという、いささか大胆な仮説が可能になるかもしれません。

パラサイト・シングルと同居文化

ところで、いささか余談めきますが、実は青年と両親の同居率は、全世界的に増加傾向にあるようです。それをはっきりと示す統計はみあたりませんでしたが、ひとつの「流行」からその可能性を推定できます。

「バンボッチョーニ」というイタリア語をご存じでしょうか。「大きなおしゃぶり坊や」といった意味の造語で、両親と同居している青年たちを指します。別名「マンモーニ（お母さんっ子）」とも言います。さきほど紹介した中国の「啃老族（こうろうぞく）」と同様に、「パラサイト・シングル」に該当する言葉です。イタリアではこうした若者が急速に増えており、今やイタリアでは、親元で暮らす二十代～三十代の若者の割合が七〇％を超えつつあるといいます（二〇一〇年一月一八日付 La Repubblica紙）。

こうした現象は、日本やイタリアだけではありません。

たとえばイギリスには「キッパーズ」という言葉があります。「両親のポケットの中で退職金を食いつぶす子供」の略称です。同様に、カナダでは「ブーメラン（まさに「出戻り」）」、アメリカでは「ツイクスター」（青年と大人の間、の意）、ドイツでは「ネストホッカー（巣ごもりする人）」、フランスでは「タンギー症候群」（映画のタイトルから）、オーストリアでは「ママホテル」、韓国では「カンガルー」（わかりますね？）などと、同じ現象についてさまざまなあだ名が知られています。

こうした若者が増えた背景には、主として四つほどの要因が影響しているようです。すなわち、（1）経済、（2）教育、（3）福祉、（4）宗教や家族文化などです。

このうち最大のものは、経済的要因です。サブプライムローン問題に端を発した全世界同時不況のもと、住宅価格の上昇や雇用状況の悪化で、若者の自立はどの国でも困難になりつつあります。両親と同居しているほうがなにかと経済的ですし、家事の面倒までみてもらえるとなれば、実家暮らしをやめられない若者が増えるのは自然なことでしょう。

不況とはいえ、先進諸国では軒並み、教育に要する期間が延びる傾向にあります。経済的には苦しくても、なるべく高度な教育を受けたい（受けさせたい）という理由から、親元にとどまって進学を選ぶ若者が増えているのです。学生の多くが大学院にまで進学するような教育期間の長期化には、実質的に失業対策という意味もあるでしょう。

福祉の要因としては、たとえばイギリスのように、実家から出てしまうとさまざまな社会保障が受けられなくなるといった問題があります。あるいはフランスのように、手厚すぎる失業手当が若者の就労意欲に水を差しているという見方もあるようです。

意外に思われるかもしれませんが、法律もこうした若者たちの肩を持つ傾向があります。日本では考えられませんが、ヨーロッパでは親が成人した子供を家から追い出すための訴訟がしばしば起こされています。フランスで大ヒットした『タンギー』という映画でも、そうした訴訟が描かれていました。しかし、ほとんどの判決は、たとえ子供が成人していても、結婚や就職するまでは両親が面倒をみる義務があるして、親の訴えを退けているようです。

最後に社会・文化的要因ですが、これは先にも述べた「家族主義」、あるいは「同居文化」が大きく影響してきます。具体的には、東アジアでは儒教文化、ヨーロッパではカトリック文化です。このうち儒教文化については本文中でも述べました。一方、信仰の篤いカトリック信徒は日曜日に家族全員で礼拝に行くことを含め、家族主義的な価値観を持っています。ナポリやシチリアといったイタリア南部の大家族をイメージしてみてもいいでしょう。カトリック文化圏であるイタリア、スペインの同居率の高さはすでに指摘したとおりです。
問題は、こうした傾向が、ひょっとしたらグローバルに広がりつつあるのかもしれない可能性です。プロテスタント圏のイギリスやアメリカでもパラサイトの若者が増加しつつあるとすれば、今後全世界的に同居率は上昇し、ホームレスよりはひきこもりの問題が前景化してくるのかもしれません。そのとき日本はひきこもり先進国として、これまで独自に蓄積してきたアイディアやノウハウを提供することで、解決に貢献することができるのかもしれません。

最後に謝辞を。本書の解説は、先にも述べたとおり玄田有史さんにご担当いただきました。私とひきこもりとの関わりについて過分に評価していただき、いささか面はゆい気持ちもあります。玄田さんとは旧知の仲で、トークイベントなどではいじられることも多いのですが、この真摯な文章にはちょっと感動しました。ええ、もちろん、ちょっとだけですが。

文庫版の装幀には石田徹也さんの作品の使用を許諾していただきました。二〇〇〇年代以降の若者の心象風景を見事に表現した作家として、石田さんを越える存在はいないと私は確信しています。許諾いただいたご遺族並びに関係者の方々に感謝いたします。

本書の文庫化作業は、私の転職と重なったこともあり、前例がないほど難産でした。今の担当者である北村善洋さんは三人目の担当になります。本当におつかれさまでした。ここに記して感謝いたします。

二〇一六年二月十九日　水戸市百合が丘にて

解説　両義的な戦略家としての斎藤環

玄田有史

本書は斎藤環の二一世紀初頭における静かなる戦いの記録だ。これまで斎藤は「ひきこもり」という武器を持って、世間という見えざる大敵に戦いを挑んできた。

そして今やひきこもりは、日本のみならず、世界も認める日常語となった。「ひきこもり」が、誰にも知られる言葉となった理由に、スポークスマンを自称する斎藤環による喧伝活動の影響を否定する人はいないだろう。それだけひきこもりの社会的認知にとって、斎藤の存在は大きかった。

斎藤環の肩書といえば、本書でも自身が記しているように、「ひきこもり」問題を専門とする精神科臨床医ということになる。しかし多くの人が同時に知っているのは、当代随一の社会・文化評論家としての斎藤環だろう。本書には、臨床的見地からひきこもりを厳密に活写しようとする医師としての斎藤の横顔と、ひきこもりに対する誤解や偏見を是正し、社会を啓蒙しようとする評論家ときには社会運動家としての横顔が、実に絶妙なバランスで配置されている。

そのバランスのために斎藤環が用いてきた戦略が、ひきこもりを単純に否定も肯定もしないという「両義性」のバランスだ。通常バランスといえば、異なる意見や立場のあいだに何とか穏やかな落としどころを見つけることだと考えられている。しかし、斎藤が両義性戦略として仕掛けるのは、そんな生やさしいバランスの模索ではない。ひきこもりの存在を自身のわずかな印象だけで全否定しようとする批判派と、自己正当化のイデオロギーだけから認めようとする擁護派のあいだに、妥協点を探ることなど、斎藤は一切考えない。むしろ、両者に共通する、ひきこもりを語る「言葉」のあまりの貧弱さを、静かだが実に激しく執拗に攻撃し、その結果として両者をともに無限の混乱へと引きずり込んでいくのだ。

そんな両義的な戦略家としての斎藤環の策略に、世間は見事に嵌《はま》った。そしてひきこもりは、ついに日常語となった。本書で読者は、多角的かつ縦横無尽に仕掛けられた斎藤の戦略の巧みさを、思う存分堪能することができるだろう。

ひきこもりを理解するには、否定でも肯定でもなく、治療だけでも見守りだけでもなく、個人的であると同時に社会的に、安易な一義的解釈を排し、つねに両義的に物事を理解しようとし、語ろうとすることが求められる。一方でゼロかイチか、アナログかデジタルか、賛成か反対か、敵か味方か、アメリカか中国かなどなど、とにかくわかりやすく白黒つけなければ落ち着かない世間の、最も苦手とするのが、両義性への対応でもある。

斎藤の巧妙な戦略によって、ひきこもりの存在は広く知られるところとなった。一方で、社会によるひきこもりの正確な理解があまねく普及したかといえば、はなはだ心もとないところがある。しかし、実際がそうだとしても、それは斎藤環の尽力が無駄であったことを何ら意味するものではない。むしろ、世間を構成する私たち一人ひとりが、あらゆる両義的存在への耐性を知らずしらずのうちに失っているところにこそ、ひきこもりに対する理解を阻む本質があるように、私は思う。

私が個人的に斎藤さんとはじめて会ったのは、本書の元となる単行本が出版された直後の二〇〇四年のことである。その後も何度か、お目にかかる機会があった。理由は簡単。私が二〇〇四年に『ニート——フリーターでもなく失業者でもなく』（曲沼美恵氏との共著、幻冬舎文庫）を出版したからだ。以後、ニートはその特徴として対人関係を形成するのが苦手なことが多いため、ひきこもりにイメージを強く重ねられつつ、次第に認知されていくことになる。

斎藤さんと直接お話しをした経験のなかで、特に印象深かった言葉がある。それは「ニートが、まったく犯罪と結びつけられずに知られるようになったのは、スゴイことなんですよ」というものだった。本書では、二〇〇〇年を前後して起こった、ひきこもりが元凶であるかのように語られた一連の犯罪に対し、それが根拠のない決めつけにすぎないと冷静に反論する、臨床医としての斎藤さんの姿を垣間見ることができる。

私が「ニート」を問題提起した背景としては、ひきこもりの存在が特にあったわけではない。むしろニートの直接的な経緯は、一九九〇年代のバブル崩壊以降にきわめて深刻化した、若者の就職問題にあった。

二〇〇一年に出版された拙著『仕事のなかの曖昧な不安——揺れる若年の現在』(中公文庫)のなかに、次のような記述がある。「職に就くことを希望しながら、自分にあった仕事を見出せない人々、就職活動があまりに困難なことから、仕事を探すことをあきらめた人々。その結果、失業者としてはとらえられない、非労働力とみなされる人々が、若者を中心に増えている」(三三ページ)。この、フリーターのように働くことはせず、かつ失業者のように仕事を探すこともしていない若年の非労働力(通学を除く)こそが、「ニート」ということになる。もしニートという言葉ではなく、非労働力という従来の統計専門用語にこだわり続けていたら、ニート問題はここまで広く知られるようにはならなかっただろう。

確かに存在していても、それが「言葉」にならない限り、その存在を認識されることはない。だからこそ、ひきこもりもニートも、存在しながらもずっと無視され続けてきたのだ。斎藤さんに「ひきこもり」という呼び名をできるだけ流通させようという目論見があったように、若年雇用政策の恒久化に向け「ニート」という言葉を一般化させようという思いを私も持っていたことは、正直に告白しなければならない。

だが『ニート』を発表後、私自身、多くの批判に晒《さら》されることになる。ニートという言葉が、若者に対するレッテル貼りになるという批判もあれば、その名前が流通することでかえって働かない若者が増えてしまうという批判もあった（後者の批判は、本書では「ルーピング効果」と呼ばれている）。何よりたくさんの批判の声が挙がったことで、ニートへの社会の関心は盛り上がりを見せたというのが、むしろ真実だろう（その意味で批判はとても助かった）。ただ同時にその傍《かたわ》らで、ニートという言葉によって「自分だけではなかったんだ」「自分が何者であるかがわかった」という当事者からの声が、少なからず届いていたのも、また事実である。

おそらくひきこもりにまつわる多くの非難と賛同の嵐は、ニート以上に凄まじいものがあったに違いない。そしてその嵐のまっただ中にひとり立ち続けていたのが、斎藤さんだった。そんな敵意と賛意という強烈な磁場のなかで、いささかもブレることなく、斎藤さんはひきこもりにまつわる言葉を丁寧に紡いで来た。そう思いながら読むと、本書で発せられるひきこもりを語る言葉一つひとつの持つ強大なエネルギーを改めて感じ直すことができると思う。

そんな強力なエネルギーもあってか、大部分が一〇年以上前に書かれた本書ではあるが、その内容は古びたところをまったく感じさせない新鮮さに満ちている。当時、斎藤環は日々ひきこもりに関する臨床を重ねながら、一方でひきこもりについて社会を啓蒙する文章を書き続けてきた。一〇〇〇件を超える事例を踏まえつつ、文字通り走り続けながらひきこもりに関する考察を深め、多くの推論を打ち立てている。一〇年を超える歳月は、その当時の斎藤の推論が実際に正しかったのか否かを、過去の客観的な事実として検証することを可能としてくれる。

「社会生活基本調査」という総務省統計局が五年毎に実施している調査がある。調査は、国民が日頃どんな生活をしていて、どのような時間の使い方をしているかを明らかにするため、全国の二〇万人以上を対象に行われるものだ。そこではランダムに指定された連続二日間の四八時間について、一五分単位で誰と何をしていたかをつぶさに記述することが求められる。

かつて筆者は、その調査を用いて、二〇歳以上六〇歳未満のうち、「仕事をしておらず、結婚したこともなく、さらにはふだんずっと一人でいるか、家族としか関わりをもたない人々」を「孤立無業者：Solitary Non-Employed Persons（SNEP《スネップ》）」として、その実態を探ってきた（詳細は拙著『孤立無業（SNEP）』〈日本経済新聞出版社〉）。

いうまでもなく、孤立無業者の研究では、ひきこもりの存在を十分に意識した。孤立無業者には、自室に閉じこもったままの状態から、外出はするが友人とはふだんつきあいのない状態まで、広義のひきこもりをすべて含む。そんな広義のひきこもりの実情を知る上で社会生活基本調査がすぐれているのは、それが「ひきこもりの調査ではない」点にある。ふつう「あなたはひきこもりですか」と突然問われて、すぐに「そうだ」と返答することはない。それに対し社会生活基本調査は、ひきこもりについて問うことは一切なく、ただ指定された日時四八時間の状況を淡々と記すだけだ。これであれば、回答のプレッシャーは限りなく小さい。

その調査からは、本書が執筆された当時である二〇〇一年時点で、孤立無業者が全国にどれだけ存在していたかを求めることができる。計算すると、その数字は八五万四〇〇〇人に達していた。本書で斎藤は、ひきこもりはすでに一〇〇万人以上存在すると推定している。八五万人余りというのは二〇歳以上六〇歳未満の範囲での人数であって、不登校や学校中退後の十代のひきこもりの存在を含めれば、一〇〇万人という数字は、見事的中といえるだろう。おそるべき推察力、斎藤環。

そして斎藤は、何らかの社会的・文化的要因を背景として、ひきこもりは増加の一途をたどるだろうとも予測している。実際二〇〇一年に約八五万人だった孤立無業者は、一〇年後の二〇一一年には約一六二万人へと、ほぼ倍増した。この点でも斎藤の警鐘は、完全に的を射たものとなっている。

二〇〇〇年当時、急速に普及したインターネットについて、斎藤はひきこもりにとってけっして有害なものではなく、むしろ有用な存在となり得ることを、本書でもたびたび強調している。その指摘は、ひきこもりにはインターネット中毒者が多く、さらにはインターネットへの耽溺《たんでき》がひきこもりを犯罪に走らせているのではないかという世間に流布したイメージを、真っ向から覆《くつがえ》すものだった。

社会生活基本調査からは孤立無業者のインターネットの使用状況も知ることができる。それによると、孤立無業者は、友人と交流のある未婚の無業者と比べれば、当然ながら電子メールの使用頻度は圧倒的に少なくなっていた。さらに孤立無業者は、インターネットによる情報検索・入手をしている場合も少なかった。加えてパソコンゲームやテレビゲームを楽しむ頻度に、孤立無業者と友人のいる未婚無業者とのあいだで、統計的に有意な違いは一切観察されない。ひきこもりを含む孤立無業者にインターネット中毒者やゲーム脳に洗脳された人が多いというのはまったくの誤解でしかない。ここでも斎藤の指摘は統計的に完全に証明されている。

膨大な臨床経験と社会に対する鋭い観察眼に裏打ちされた斎藤環の主張の正確さには、ただただ脱帽するしかない。

ひきこもりにせよ、ニートにせよ、孤立無業者にせよ、それらはいずれも社会的病理の一種である。すなわちそれらは、当事者に個別固有の状態でありながら、同時に社会が抱える何らかの問題の一端がそこに表出したものと考えるべきだ。

ひきこもりの増加は、高齢社会と相俟《あいま》って、社会的に孤立し、生存自体が脅かされる人々の増加につながっている。それは未来の問題ではない。すでに現在進行形の問題なのだ。今やひきこもりは若者や青年の問題だけでなく、むしろ高齢のひきこもりこそ、緊急に対応が急がれる状況となっている。

その一方で斎藤は、ひきこもりに特有の希望も見出している。創造力を醸成するには、一定期間、他者との接触を断ち、一人黙考するひきこもり期間が必要になる。だからこそひきこもりは社会から新たな創造的行為が出現するための源泉となる可能性を秘めているのだ。ひきこもりに対して理想的な寛容さが社会に確立されたとき、社会的病理としてのひきこもりも確実に減っていくだろうと、斎藤は予想する。

筆者の師であった経済学者・石川経夫は「学者は一年間のうち、三か月間は紙と鉛筆だけの生活をしないといけない」と、いわば「プチひきこもりのすすめ」を生前よく口にしていた。そのようなプチひきこもりによって、学問的創造力は磨かれるのだ、と。

もし社会を創造的に生きるための権利として、誰もに日常的なプチひきこもりが許されるならば、未来はどんな世の中になっているのだろう。斎藤環の主張と予測からすれば、現在の社会的病理としてのひきこもりは消えてなくなり、新たな創造社会が整備されているはずだ。それは夢でしかないのだろうか。全員プチひきこもり社会の構想は、真面目な検討に値する夢想だと、私は真剣に思っている。
ひきこもりという言葉を知らない大人は、もう日本にはほとんどいないだろう。しかしひきこもりという問題に本気で向き合おうとしているのは、実際に家族や友人でひきこもり状態にある人が存在する場合に限られているのも、現実ではある。しかし、今や誰もが、ひきこもりや孤立無業の当事者か、その関係者になるかもしれない時代である。文庫になった『ひきこもり文化論』は、今後も少なからず現れる新しいひきこもりの当事者と関係者にとって、必読の福音書となるだろう。

（げんだゆうじ／東京大学教授）

本書は二〇〇三年一二月二五日、紀伊國屋書店より刊行された。

ヘーゲルの精神現象学　金子武蔵
ヘーゲルの主著『精神現象学』の完訳を果たした著者による平易な入門書。晦渋・難解な本文に分け入り、ヘーゲル哲学の全貌を一望する。（小倉志祥）

歴史・科学・現代　加藤周一
知の巨人が、丸山真男、湯川秀樹、サルトルをはじめとする各界の第一人者とともに、戦後日本の思想と文化を縦横に語り合う。（鷲巣力）

『日本文学史序説』補講　加藤周一
文学とは何か、〈日本的〉とはどういうことか、不朽の名著について、著者自らが縦横に語った講義録。大江健三郎氏らによる「もう一つの補講」を増補。

沈黙の宗教――儒教　加地伸行
日本人の死生観の深層には生命の連続を重視する儒教がある。墓や位牌、祖先祭祀などの機能と構造や歴史を読み解き、儒教の現代性を解き明かす。

中国人の論理学　加地伸行
毛沢東の著作や中国文化の中から論理学上の中国的特性を抽出し、中国人が二千数百年にわたって追求してきた哲学的主題を照らし出すユニークな論考。

あいだ　木村敏
自己と環境との出会いの原理である共通感覚「あいだ」。その構造をゲシュタルトクライス理論および西田哲学を参照しつつ論じる好著。（谷徹）

自分ということ　木村敏
自己と時間の病理をたどり、存在者自己と自己の存在それ自体の間に広がる「あいだ」を論じる木村哲学の入門書。（小林敏明）

自己・あいだ・時間　木村敏
間主観性の病態である分裂病に「時間」の要素を導入し、現象学的思索を展開する。精神病理学者である著者の代表的論考を収録。（野家啓一）

分裂病と他者　木村敏
分裂病者の「他者」問題を徹底して掘り下げた木村精神病理学の画期的論考。「あいだ＝いま」を見つめ開かれる「臨床哲学」の地平。（坂部恵）

精神科医がものを書くとき　中井久夫
高名な精神科医であると同時に優れたエッセイストとしても知られる著者が、研究とその周辺について記した一七篇をまとめる。（斎藤環）

隣の病い　中井久夫
表題作のほか「風景構成法」「阪神大震災後四カ月」「現代ギリシャ詩人の肖像」など、著者の豊かで多様な世界を浮き彫りにする。（藤川洋子）

世に棲む患者　中井久夫
アルコール依存症、妄想症、境界例など「身近な」病を腑分けし、社会の中の病者と治療者との微妙な関わりを豊かな比喩を交えて描き出す。（岩井圭司）

「つながり」の精神病理　中井久夫
社会変動がもたらす病いと家族の移り変わりを中心に、老人問題を臨床の視点から読み解き、精神科医としての弁明を試みた珠玉の一九篇。（春日武彦）

「思春期を考える」ことについて　中井久夫
表題作の他「教育と精神衛生」などに加えて、豊かな視野と優れた洞察を物語る「サラリーマン労働」や「病跡学と時代精神」などを収める。（滝川一廣）

「伝える」ことと「伝わる」こと　中井久夫
精神が解体の危機に瀕した時、それを食い止めるのが妄想である。解体か、分裂か。その時、精神はよりましな方として分裂を選ぶ。（江口重幸）

私の「本の世界」　中井久夫
精神医学関連書籍の解説、『みすず』等に掲載の年間読書アンケート等とともに、大きな影響を受けたヴァレリーに関する論考を収める。（松田浩則）

モーセと一神教　ジークムント・フロイト　渡辺哲夫訳
ファシズム台頭期、フロイトはユダヤ民族の文化基盤ユダヤ教に対峙する。自身の精神分析理論を揺るがしかねなかった最晩年の挑戦の書物。

ラカン入門　向井雅明
複雑怪奇きわまりないラカン理論。だが、概念や理論の歴史的変遷を丹念に辿れば、その全貌を明快に理解できる。『ラカン対ラカン』増補改訂版。

ちくま学芸文庫

ひきこもり文化《ぶんか》論《ろん》

二〇一六年四月十日　第一刷発行

著者　斎藤　環（さいとう・たまき）
発行者　山野浩一
発行所　株式会社　筑摩書房
東京都台東区蔵前二―五―三　〒一一一―八七五五
振替〇〇一六〇―八―四一二三
装幀者　安野光雅
印刷所　中央精版印刷株式会社
製本所　中央精版印刷株式会社

乱丁・落丁本の場合は、左記宛にご送付下さい。
送料小社負担でお取り替えいたします。
ご注文・お問い合わせも左記へお願いします。
筑摩書房サービスセンター
埼玉県さいたま市北区櫛引町二―六〇四　〒三三一―八五〇七
電話番号　〇四八―六五一―〇〇五三

ISBN978-4-480-09683-8 C0111